Raj II

I dvanaest vrata,
dvanaest zrna bisera;
svaka vrata behu od jednog zrna bisera.
I ulice gradske behu zlato čisto,
kao staklo presvetlo.
(Otkrivenje Jovanovo 21:21)

Raj II

Ispunjen Božjom Slavom

Dr. Džerok Li

Raj II od Dr. Džeroka Lija
Objavile Urim knjige (Predstavnik: Seongnam Vin)
73, Yeouidaebang-ro 22-gil, Dongjak-gu, Seul, Koreja
www.urimbooks.com

Sva prava su zadržana. Ova knjiga ili njeni pojedini delovi ne smeju biti reprodukovani u bilo kojoj formi, ili biti smešteni u bilo kom renta sistemu, ili biti transmitovana bilo kojim načinom, elektronski, mehanički, fotokopiranjem, snimanjem, ili slično, bez prethodnog pismenog ovlašćenja izdavača.

Autorska prava © 2017 od strane dr. Džerok Lija
ISBN: 979-11-263-0298-7 04230
ISBN: 979-11-263-0066-2 (set)
Prevodilačka Autorska Prava © 2012, dr. Ester K. Čung (Dr. Esther K. Chung). Korišćeno uz dozvolu.

Prethodno objavila na korejskom jeziku Urim knjige u 2002.g.

Prvo izdanje, april 2017.

Uredio dr. Geumsun Vin
Dizajnirao urednički biro Urim Books
Štampa Prione Printing
Za više informacija molimo kontaktirajte: urimbook@hotmail.com

Predgovor

Moliti se da vi možete da postanete Božje iskreno dete i delite iskrenu ljubav u večnoj radosti i sreći u Novom Jerusalimu, gde je ljubav Boga obilna...

Dajem svu zahvalnost i slavu Ocu Bogu, koji mi je jasno otkrio život na nebu, i blagoslovio nas da objavimo *Raj I: Čist i Divan kao Kristal*, i sada *Raj II: Ispunjen Božjom Slavom*.

Žudio sam da znam do detalja o nebu, i nastavio sam u molitvama i postu. Nakon sedam godina, Bog je konačno odgovorio na moje molitve i danas, On mi otkriva duboke tajne o duhovnom kraljevstvu.

U prvom od dvodelnom nizu Raj, ukratko sam predstavio različita mesta boravka na nebu, svrstavajući ih u Raj, Prvo kraljevstvo, Drugo kraljevstvo, i Treće kraljevstvo, i Novi Jerusalim. Druga će još više i detaljnije istražiti najdivnije i veličanstveno mesto nad nebom, Novi Jerusalim.

Bog ljubavi pokazao je Novi Jerusalim apostolu Jovanu i dozvolio mu je da ga opiše u Bibliji. Danas, kao što je Gospodov dolazak uvek blizu, Bog obasipa mnoge ljude Svetim Duhom i otkriva nebo do najsavršenijeg detalja. Ovo je kako bi nevernici širom sveta došli do verovanja u život posle smrti koje se sastoji od neba i pakla, i da oni koji priznaju svoju veru u Hristu će voditi pobednički život u Njemu i nastojati da šire jevanđelje širom zemljine kugle.

Zbog toga je apostol Pavle, koji je bio zadužen u širenju jevanđelja nejevrejima, savetovao njegovog duhovnog sina Timotija, govoreći mu: „*A ti budi trezan u svačemu, trpi zlo, učini delo jevanđelista, službu svoju svrši*" (2. Timoteju Poslanica 4:5).

Bog mi je jasno otkrio nebo i pakao kako bi mogao da razglasim broj godina koje će doći sa četiri ugla sveta. Bog želi da svi ljudi dobiju spasenje; On ne želi da vidi ni jednu dušu kako pada u pakao. Čak i više, Bog želi da što više ljudi uđu i večno žive u Novom Jerusalimu.

Ipak, niko ne treba da sudi i odbacuje ove Bogom date poruke

Predgovor

otkrivene kroz inspiraciju Svetog Duha.

U *Raju II* vi ćete naći veliku podelu tajni koje se sastoje od neba, kao što je pojavljivanje Boga koji je postojao pre početka vremena, Božji presto, i slično. Verujem da će takvi detalji i objašnjenja obezbediti neverovatnu količinu radosti i sreće svim onim ljudima koji iskreno žude za nebom.

Grad Novi Jerusalim, napravljen od neizmerne ljubavi i ogromne moći Božije, ispunjen je Njegovom slavom. U Novom Jerusalimu su duhovni vrhunac u kome je Bog napravio Sebe u Trojstvo kako bi izveo ljudsku kultivaciju, i veliki presto Boga. Možete li da zamislite koliko veličanstveno, lepo, i svetlo celo mesto će biti? To je tako fantastičan i sveti prizor da nijedan ljudski pogled to ne može da zamisli!

Međutim, morate da shvatite da Novi Jerusalim nije nagrada za sve one koji su primili spasenje. Umesto toga, on je dat Božjoj deci čija srca, nakon što su bila kultivisana na ovoj zemlji duže vreme, postala su nadalje čista i divna kao kristali.

Dajem posebnu zahvalnost Geumsun Vin, urednici izdavačkog biroa, i Prevodilačkom birou na ovoj publikaciji.

Blagoslovim u ime Gospoda da svako ko pročita ovu knjigu postane Božje dete i deli svoju ljubav u večnoj sreći i radosti u Novom Jerusalimu koje je ispunjeno Božjom slavom!

Džerok Li

Uvod

Nadam se da ćete biti blagosloveni kada otkrijete najsjajnije detalje o Novom Jerusalimu, i živite u večnosti što bliže prestolu Božjem na nebu...

Svu zahvalnost i slavu dajem Bogu koji mi je dozvolio da objavim *Raj I: Čist i Divan kao Kristal*, i sada njegov nastavak, *Raj II: Ispunjen Božjom Slavom*.

Ova knjiga sadrži devet poglavlja, sva koja daju jasan opis najsvetijeg i najlepšeg mesta boravka na nebu, Novi Jerusalim, u granicama njegove veličine, i života u njemu.

Poglavlje 1: „Novi Jerusalim: Ispunjen Božjom slavom," daje pregled Novog Jerusalima i objašnjava takve tajne kao što je Božji presto i vrhunac duhovnog kraljevstva, na kome je Bog Sebe stvorio u Trojstvo.

Poglavlje 2: „Imena dvanaest plemena i dvanaest apostola," objašnjava spoljni izgled grada Novog Jerusalima. On je okružen visokim i ogromnim zidovima, i imena dvanaest plemena Izraela su zapisana na dvanaest gradskih kapija na sve četiri strane. Na dvanaest temelja grada su imena dvanaest apostola, i razlog i značenje svakog zapisa će biti razjašnjeni.

U Poglavlju 3: „Veličina Novog Jerusalima," vi ćete otkriti izgled i dimenziju Novog Jerusalima. Poglavlje objašnjava zašto Bog meri veličinu Novog Jerusalima zlatnom trskom, kao i to da čovek, da bi ušao i boravio u ovom Gradu, mora da poseduje sve prikladne duhovne kvalifikacije, merene zlatnom trskom.

Poglavlje 4: „Napravljen od čistog zlata i dragog kamenja svih boja," istražuje do detalja svaki materijal sa kojim je Novi Jerusalim izgrađen. Celi grad je dekorisan čistim zlatom i drugim dragim kamenjem, i poglavlje opisuje lepotu njihovih boja, sjaja i svetlosti. Šta više, objašnjavajući razlog zašto je Bog ukrasio zidove grada jaspisom (jasper) i ceo Novi Jerusalim čistim zlatom koje je providno kao staklo, poglavlje takođe raspravlja važnost duhovne vere.

U Poglavlju 5: „Značenje dvanaest temelja" vi ćete naučiti o zidovima Novog Jerusalima, izgrađenim na dvanaest temelja, i lepotu i duhovno značenje jaspera, safira, kalcedona; smaragda, sardoniksa; sardiusa, hrizolita, berila, topaza, hrizoprasa, cirkona, i ametista. Kada saberete duhovni značaj svakog od ovih dvanaest dragih kamenova, vi ćete primetiti srce Isusa Hrista i srce Božje. Poglavlje vas ohrabruje da ispunite srca prikazana sa dvanaest dragih kamenova kako bi mogli da uđete i večno boravite u gradu Novom Jerusalimu.

Poglavlje 6: „Dvanaest bisernih kapija i zlatni put," objašnjava razloge i duhovni značaj Božjeg stvaranja dvanaest bisernih kapija, kao i duhovno značenje zlatnog puta providnog kao staklo. Baš kao što školjka proizvodi dragoceni biser nakon što istrpi veliki bol, ovo poglavlje vas ohrabruje da trčite ka Dvanaest bisernih kapija Novog Jerusalima prevazilaženjem svih vrsta poteškoća i iskušenja u veri i sa nadom.

Poglavlje 7: „Čaroban prizor," vodi vas unutar zidina grada Novog Jerusalima koji je uvek jasno osvetljen. Vi ćete naučiti duhovni značaj izraza: „Bog i Jagnje su njegov hram," veličinu i lepotu zamka u kome Gospod boravi, i slavu ljudi koji će ući u

Novi Jerusalim da provedu večnost sa Gospodom.

Poglavlje 8: „Vidio sam Sveti grad, Novi Jerusalim," predstavlja vam kuću pojedinca, među mnogima koji su proživeli verne i posvećene živote na zemlji, koji će dobiti velike nagrade na nebu. Vi ćete moći da bacite pogled na predstojeće srećne dane u Novom Jerusalimu čitajući o raznim veličinama i sjaju nebeskih kuća, mnogim vrstama objekata, i celokupnom životu na nebu.

Deveto i poslednje Poglavlje, „Prvi banket u Novom Jerusalimu," vodi vas do scene prvog banketa koje će biti održan u Novom Jerusalimu nakon Suda Velikog Belog Prestola. Sa predstavljanjem nekih od praočeva vere koji borave blizu Božjeg prestola, *Raj II* zaključuje blagoslovom svakog čitaoca da ima srce koje je čisto i divno kao kristal kako bi on/ona mogli da žive bliže Božjem prestolu u Novom Jerusalimu.

Što više učite o nebu, ono postaje sve čudesnije. Novi Jerusalim, koji može da se smatra „središtem" neba, je mesto gde ćete naći Božji presto. Ako znate o lepoti i slavi Novog Jerusalima, vi ćete sigurno i iskreno da se nadate za nebo i bićete načisto o životu u Hristu.

Kako je vreme Isusovog povratka neverovatno blizu danas, a pre toga On će završiti sa pripremanjem mesta boravka za nas, ja se nadam da ćete sa Rajem II: Ja se nadam da ćete vi ispunjeni Božjom slavom takođe biti spremni za večni život.

Ja se molim u ime Gospoda Isusa Hrista da ćete vi moći da boravite blizu Božjeg prestola tako što ćete ispuniti sebe žarkom nadom za život u Novom Jerusalimu i biti verni u svim Bogom danim dužnostima.

Geumsun Vin
Direktor Izdavačkog Biroa

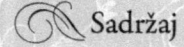
Sadržaj

Predgovor

Uvod

Poglavlje 1 **Novi Jerusalim: Ispunjen Božjom slavom** • 1

    1. U Novom Jerusalimu je Božji presto
    2. Pravi Božji presto
    3. Nevesta Jagnjetova
    4. Sjajan kao svetlo drago kamenje i čist kao kristal

Poglavlje 2 **Imena dvanaest plemena i dvanaest apostola** • 15

    1. Dvanaest anđela čuvaju kapije
    2. Imena dvanaest Izraelskih plemena upisana na dvanaest kapija
    3. Imena dvanaest apostola upisana na dvanaest temelja

Poglavlje 3 **Veličina Novog Jerusalima** • 35

    1. Izmeren zlatnom trskom
    2. Novi Jerusalim u obliku kocke

Poglavlje 4 **Napravljen od čistog zlata i dragog kamenja svih boja** • 45

    1. Ukrašen čistim zlatom i svim vrstama dragog kamenja
    2. Zidovi Novog Jerusalima napravljeni od jaspisa
    3. Napravljen od zlata čistog kao staklo

Poglavlje 5 **Značaj dvanaest temelja** • 57

    1. Jaspis: Duhovna vera
    2. Safir: Čestitost i celovitost
    3. Kalcedon: Nevinost i požrtvovana ljubav
    4. Smaragd: Pravednost i čistota
    5. Sardoniks: Duhovna vernost
    6. Sard: Strastvena ljubav
    7. Hrizolit: Milost
    8. Beril: Strpljenje
    9. Topaz: Duhovna dobrota
    10. Hrizopras: Samokontrola
    11. Cirkon: Čistota i svetost
    12. Ametist: Lepota i nežnost

Poglavlje 6 **Dvanaest bisernih kapija i zlatni put** • 103

    1. Dvanaest kapija napravljenih od bisera
    2. Ulice napravljene od čistog zlata

Poglavlje 7 **Čaroban prizor** • 119

    1. Nema potrebe za sunčevim zrakom i mesečevim sjajem
    2. Ushićenje Novim Jerusalimom
    3. Zauvek postojati sa Gospodom našim mladoženjom
    4. Slava stanovnika Novog Jerusalima

Poglavlje 8 **„Vidio sam Sveti grad, Novi Jerusalim"** • 145

    1. Nebeske kuće nezamislivih veličina
    2. Veličanstven zamak sa potpunom privatnošću
    3. Znamenita mesta neba

Poglavlje 9 **Prvi banket u Novom Jerusalimu** • 175

    1. Prvi banket u Novom Jerusalimu
    2. Proroci u prvo rangiranoj grupi na nebu
    3. Prelepa žena u Božjim očima
    4. Marija Magdalena boravi blizu Božjeg prestola

Poglavlje 1

Novi Jerusalim: Ispunjen Božjom slavom

1. U Novom Jerusalimu je Božji presto

2. Pravi Božji presto

3. Nevesta Jagnjetova

4. Sjajan kao svetlo drago kamenje i čist kao kristal

*„I odvede me u duhu
na goru veliku i visoku,
i pokaza mi grad veliki, sveti Jerusalim,
gde silazi s neba od Boga,
i imaše slavu Božiju.
I svetlost njegova beše kao dragi kamen,
kao kamen jaspis svetli."*

- Otkrivenje Jovanovo 21:10-11 -

Nebo je kraljevstvo u četvorodimenzionalnom svetu, kojim vlada Bog ljubavi i pravde Lično. Čak iako nije vidljivo golim okom, nebo zasigurno postoji. Koliko će sreća, radost, zahvalnost i slava perplavljivati nebo, pošto je to najlepši dar koji je Bog pripremio za Njegovu decu koja su primila spasenje?

Ipak, ima različita mesta boravka na nebu. Tamo je Novi Jerusalim u kome je Božji presto, a tu je i Raj gde će jedva spašeni ljudi večno da ostanu. Baš kao što se život u kolibi i život u kraljevskom zamku znatno razlikuju čak i na ovoj zemlji, postoji velika razlika u slavi između ulaska u Raj i ulaska u Novi Jerusalim.

Uprkos tome, neki vernici smatraju „nebo" i „Novi Jerusalim" istim, i čak neki od njih i ne znaju da postoji Novi Jerusalim. Koliko je to žalosno! Nije lako posedovati nebo čak iako znate o njemu. Kako, onda, pojedinac može stići do Novog Jerusalima ako ne zna za njega?

Zato je Bog otkrio Novi Jerusalim apostolu Jovanu i dozvolio mu da piše o njemu do detalja u Bibliji. Otkrivenje Jovanovo dubinski objašnjava Novi Jerusalim, i Jovan je bio dirnut samo posmatranjem njegove spoljašnosti.

On je priznao u Otkrivenju Jovanovom 21:10-11: „*I odvede me u duhu na goru veliku i visoku, i pokaza mi grad veliki, sveti Jerusalim, gde silazi s neba od Boga, i imaše slavu Božiju. I svetlost njegova beše kao dragi kamen, kao kamen jaspis svetli.*"

Zašto je, onda, Novi Jerusalim ispunjen Božjom slavom?

1. U Novom Jerusalimu je Božji presto

U Novom Jerusalimu je presto Božji. Kolikom će Božjom slavom Novi Jerusalim biti ispunjen pošto Bog Lično boravi u njemu?

Zbog toga možete da vidite ljude koji daju slavu, zahvalnost i poštovanje Bogu dan i noć u Otkrivenju Jovanovom 4:8: „*I svaka od četiri životinje imaše po šest krila naokolo, i unutra puna očiju, i mira ne imaju dan i noć govoreći: 'Svet, svet, svet Gospod Bog Svedržitelj, koji beše, i koji jeste, i koji će doći.'* "

Novi Jerusalim je takođe nazvan „Svetim gradom" zato što je napravljen iznova sa Rečju Božjom, koji je iskren, bezgrešan, i sama svetlost bez imalo tame koja bi se našla u Njemu.

Jerusalim je mesto gde je Isus, koji je došao u telu da otvori put spasenja za ljudsku rasu, propovedao Jevanđelje i ljubavlju ispunio Zakon. Zato, Bog je izgradio Novi Jerusalim za sve vernike koji su ispunili Zakon sa ljubavlju da ostanu.

Božji presto u centru Novog Jerusalima

Onda, gde je u Novom Jerusalimu Božji presto? Odgovor nam je otkriven u Otkrivenju Jovanovom 22:3-4:

> *I više neće biti nikakve prokletinje; i presto Božji i Jagnjetov biće u njemu; i sluge Njegove posluživaće Ga; I gledaće lice Njegovo, i ime Njegovo biće na čelima njihovim.*

Presto Božji je smešten u centru Novog Jerusalima, i samo

oni koji se povinuju Reči Božjoj kao pokorni sluga mogu da uđu tamo i da vide lice Božje.

Zato nam je Bog rekao u Poslanici Jevrejima 12:14: *„Mir imajte i svetinju sa svima; bez ovog niko neće videti Gospoda,"* i u Jevanđelju po Mateju 5:8: *„Blago onima koji su čistog srca, jer će Boga videti."* Zbog toga, vi bi trebalo da shvatite da ne može svako da uđe u Novi Jerusalim koji udomljuje Božji presto.

Kako Božji presto izgleda? Neki možda misle da izgleda tek kao jedna velika stolica, ali nije tako. U užem smislu, ono stoji kao sedište gde Bog sedi, ali u širem smislu, to se odnosi na boravišno mesto Boga.

Dakle, „Božji presto" se odnosi na mesto boravka Boga, a oko Njergovog prestola u centru Novog Jerusalima, su duge i prestoli dvadeset četiri starješina.

Duge i prestoli dvadeset četiri starješina

Vi možete da osetite lepotu, veličanstvenost i veličinu Božjeg prestola u Otkrivenju Jovanovom 4:3-6:

> *I Onaj što seđaše beše po viđenju kao kamen jaspis i sard; i oko prestola beše duga po viđenju kao smaragd. I oko prestola behu dvadeset i četiri prestola; i na prestolima videh dvadeset i četiri starješine gde sede, obučene u bele haljine, i imahu krune zlatne na glavama svojim. I od prestola izlažahu munje i gromovi i glasovi. I sedam žižaka ognjenih gorahu pred prestolom, koje su sedam duhova Božjih. I pred prestolom beše stakleno more, kao kristal; i*

nasred prestola i oko prestola četiri životinje, pune očiju spred i sastrag.

Mnogi anđeli i nebeska vojska služe Bogu. Ima i mnogo drugih duhovnih bića kao što su heruvimi i četiri živa bića koja čuvaju Njega.

Takođe, stakleno more se širi ispred prestola Božjeg. Pogled na njega je tako lep, sa raznim svetlima koja okružuju presto Božji i reflektuju se na staklenom moru.

Kako dvadeset četiri starješine okružuju Božji presto? Dvanaest od njih su locirani iza Gospoda, a drugih dvanaest su iza Svetog Duha. Ove dvadeset četiri starješine su posvećeni pojedinci i imaju pravo da svedoče pred Bogom.

Presto Božji je tako lep, veličanstven i veliki van svake ljudske zamisli.

2. Pravi Božji presto

Dela Apostolska 7:55-56 pripovedaju da je Stefan video presto Jagnjetov na desnoj strani Božjeg prestola:

„A Stefan budući pun Duha Svetog pogleda na nebo i vide slavu Božju i Isusa gde stoji s desne strane Bogu; I reče: Evo vidim nebesa otvorena i Sina čovečjeg gde stoji s desne strane Bogu."

Stefan je postao mučenik time što je bio kamenovan dok je smelo propovedao Isusa Hrista. Baš pred smrt Stefanovu, njegove duhovne oči su se otvorile i on je mogao da vidi Gospoda kako stoji sa desne strane Božjeg prestola. Gospod nije mogao da mirno sedi znajući da će Stefana uskoro načiniti mučenikom Jevreji koji su slušali njegovu poruku. Tako je Gospod ustao sa Svog prestola i prolio suze gledajući Stefana kamenovanog do smrti, i Stefan je video ovu scenu svojim otvorenim duhovnim očima.

Isto tako, Stefan je video Božji presto gde Bog i Gospod borave, a vi treba da shvatite da je ovaj presto drugačiji od onog koji je apostol Jovan vidio u Novom Jerusalimu. Presto Božji koji je Stefan video je pravi presto Božji.

U prošlosti, kada bi kralj napustio svoju palatu da zađe zemljom i među narod, njegovi ljudi bi sagradili mesto koje je ličilo na kraljevsku palatu gde bi privremeno boravio. Na isti način, Božji presto u Novom Jerusalimu nije presto gde Bog obično ostaje, već tu On boravi malo vremena.

Pravi presto Božji na početku

Bog je postojao sam, obuhvatao je celi univerzum pre samog početka vremena (Izlazak 3:14, Jevanđelje po Jovanu 1:1, Otkrivenje Jovanovo 22:13). Univerzum tada nije bio isti kao što ga vidimo sada našim očima, već je bilo jedno jedinstveno mesto pre podele na duhovni i fizički svet. Bog je postojao kao svetlost i obasjavao je celi univerzum.

On nije bio samo zrak svetlosti, već je postojao kao takve sjajne, lepe svetlosti koje su bile kao reka vode koja nosi boje duge. Ovo možete da razumete bolje ako mislite o polarnoj svetlosti na Severnom polu. Polarna svetlost je grupa svetlosti različitih boja koje se šire kao zavesa, i kaže se da je prizor tako lep da ko god ga vidi jednom nikada ne može da zaboravi njegovu lepotu.

Onda, koliko će lepša biti svetlost Boga-koji je sama svetlost, i kako ćemo da opišemo raskoš toliko različitih pomešanih boja?

Zato je rečeno u 1 Jovanovoj Poslanici 1:5: „*I ovo je obećanje koje čusmo od Njega i javljamo vama, da je Bog videlo, i tame u Njemu nema nikakve.*" Razlog iz koga je rečeno da je „Bog svetlost" nije samo da bi izrazili duhovno značenje da Bog nema nimalo tame, već da opišemo izgled Boga koji je postojao kao svetlost pre početka.

Baš ovaj Bog, koji je pre početka vremena postojao sam kao svetlost u univerzumu, bio je ispunjen glasom. Bog je postojao kao svetlost ispunjena glasom, i ovaj glas je „Reč" koju Jovan u Jevanđelju 1:1 spominje: „*U početku beše Reč, i Reč beše u Boga, i Bog beše Reč.*"

U prostoru gde je Bog postojao kao svetlost sa glasom kao zvonjava, postoje odvojena mesta za Oca, Sina i Svetog Duha gde mogu pojedinačno da borave i odmaraju. U području gde je pravi Božji presto na prostoru početka, ima mesta za odmor, sobe za razgovore, i takođe putića za šetnju.

Pristup ovom mestu je dozvoljen samo baš posebnim anđelima i onima čija srca sliče Božjem srcu. Ovo mesto je odvojeno, misteriozno i bezbedno. Šta više, ovo mesto koje udomljava presto Boga Trojedinog je smešteno u prostoru gde je Bog postojao sam na početku, i to je na četvrtom nebu, odvojeno od Novog Jerusalima na trećem nebu.

3. Nevesta Jagnjetova

Bog želi da se svi ljudi sliče Njegovom srcu i uđu u Novi Jerusalim. Međutim, On je ipak pokazao svoju milost onima koji nisu ispunili ovaj nivo posvećenja kroz ljudsku kultivaciju. On je podelio nebesko kraljevstvo na mnoga mesta boravka od Raja do Prvog, Drugog, i Trećeg kraljevstva nebeska i nagrađuje Svoju decu shodno sa onime šta su učinila.

Bog daje Novi Jerusalim Svojoj iskrenoj deci koja su potpuno posvećena i bila su verna u celoj Njegovoj kući. On je izgradio Novi Jerusalim za uspomenu na Jerusalim, temelj jevanđelja, i kao novi sud da sadrži sve o tome da su ispunili zakon sa ljubavlju.

Možemo da pročitamo u Otkrivenju Jovanovom 21:2 da je Bog pripremio Novi Jerusalim tako lepo da Grad podseća Jovana na mladu divno ulepšanu za mladoženju:

> *I ja videh grad sveti, Jerusalim nov, gde silazi od Boga s neba, pripravljen kao nevesta ukrašena mužu svom.*

Novi Jerusalim je kao lepo ukrašena mlada

Bog priprema predivna mesta boravka na nebu za mlade Gospodove koje, čišćenjem svojih srca od grehova, sebe lepo pripremaju da prime duhovnog mladoženju Gospoda Isusa. Najlepše mesto među ovim večnim mestima boravka je grad Novi Jerusalim.

Zbog toga Otkrivenje Jovanovo 21:9 opisuje grad Novi Jerusalim, koji je najlepše ukrašen za Gospodove neveste, kao

„Mlada, žena Jagnjeta."

Koliko zanosan će Novi Jerusalim biti pošto je to najlepši poklon za mlade Gospodnje koji je Bog ljubavi pripremio za Lično? Ljudi će biti toliko mnogo dirnuti kada uđu u svoje kuće, koje je Bog izgradio i brinuo o njima svojom ljubavlju i delikatnom, detaljnom brigom. To je zato što Bog pravi svaku kuću da savršeno odgovara ukusu vlasnika.

Mlada služi svog mladoženju i priprema mu mesto za odmaranje. Na isti način, kuće u Novom Jerusalimu služe i primaju mlade Gospodnje. Mesto je toliko udobno i bezbedno da su ljudi ispunjeni srećom i radošću.

Na ovoj zemlji, bez obzira koliko dobro supruga služi svog muža, ona ne može da da savršeni mir i radost. Međutim, kuće u Novom Jerusalimu mogu da daju mir i radost koje ljudi ne mogu da iskuse na ovoj zemlji zato što su te kuće napravljene kako bi savršeno zadovoljile ukus svog vlasnika. Kuće su napravljene lepo i veličanstveno u skladu sa vlasnikovim ukusom zato što su one za ljude čija srca liče Božjem srcu. Koliko čudesno i briljantno će to biti pošto je Gospod zadužen za izgradnju?

Ako iskreno verujete u nebo, vi ćete biti srećni samo ako pomislite na toliko mnogo anđela koji grade nebeske kuće sa zlatom i dragim kamenjem prateći Božji zakon koji nagrađuje svakog pojedinaca u skladu sa onim šta je učinio.

Da li možete da zamislite koliko srećniji i radosniji će biti život u Novom Jerusalimu, koji vas služi i grli kao žena?

Nebeske kuće su ukrašene u skladu sa delima pojedinaca

Nebeske kuće su počele da se izgrađuju još od kada je naš Gospod uskrsnuo i uspeo se na nebo, i one se grade čak i sada u skladu sa našim delima. Dakle, završena je izgradnja kuća onih čiji je život na ovoj zemlji došao do kraja; temelji su postavljeni i podignuti su stubovi za neke kuće; a radovi na nekim drugim kućama su skoro završeni.

Kada se sve nebeske kuće vernika završe, Gospod će se vratiti na zemlju ali ovaj put u vazduhu.

> *Mnogi su stanovi u kući Oca Mog. A da nije tako, kazao bih vam; idem da vam pripravim mesto. I kad otidem i pripravim vam mesto, opet ću doći, i uzeću vas k sebi da i vi budete gde sam ja* (Jevanđelje po Jovanu 14:2-3).

O večnim mestima boravka za ljude koji su spašeni je odlučeno na Suđenju Belog Prestola.

Kada vlasnik uđe u njegovu ili njenu kuću nakon što mesto boravka i nagrade budu dodeljene u skladu sa pojedinačnom merom vere, kuća će tada potpuno sijati. To je zato što vlasnik i kuća čine savršeni par kada vlasnik uđe u njegovu ili njenu kuću baš kao što muž i žena postaju jedno telo.

Kako će Novi Jerusalim biti pun Božje slave pošto udomljuje presto Božji, i mnoge kuće su izgrađene za Božju iskrenu decu koja mogu da zauvek dele iskrenu ljubav sa Njim?

4. Sjajan kao svetlo drago kamenje i čist kao kristal

Kada je bio vođen Svetim Duhom, apostol Jovan je bio pun strahopoštovanja kada je video Sveti grad Novi Jerusalim, i on je mogao samo da prizna sledeće:

> *I odvede me u duhu na goru veliku i visoku, i pokaza mi grad veliki, sveti Jerusalim, gde silazi s neba od Boga, i imaše slavu Božiju. I svetlost njegova beše kao dragi kamen, kao kamen jaspis svetli* (Otkrivenje Jovanovo 21:10-11).

Jovan je dao slavu Bogu dok je gledao veličanstveni Novi Jerusalim sa vrha planine, kada je bio vođen Svetim Duhom.

Novi Jerusalim, sija Božjom slavom

Šta znači kada se kaže da je blistavost Novog Jerusalima koji sija slavom Božjom „kao dragocen kamen, kao kristalno jasni kamen jaspis?" Ima mnogo vrsta dragog kamenja i imaju različita imena u skladu sa njihovim komponentima i bojama. Da bi se smatrao dragocenim, svaki kamen mora odaje prelepu boju. Dakle, izraz „kao dragocen kamen" podrazumeva da je savršen u svojoj lepoti. Apostol Jovan je uporedio lepu svetlost Novog Jerusalima sa svetlošću dragocenog kamenja koju ljudi smatraju vrlo vrednom i lepom.

Šta više, Novi Jerusalim ima ogromne i raskošne kuće, i ukrašen je nebeskim dragim kamenjem koje sija zanosnim svetlima, i možete da kažete da svetlost blista i da je divna čak iako gledate Grad izdaleka. Plavičasta, bela svetla koja blistaju mnogim bojama izgledaju kao da grle Novi Jerusalim. Koliko dirljiv i očaravajući će biti taj prizor?

Otkrivenje Jovanovo 21:18 govori nam da je zid Novog Jerusalima izgrađen od jaspisa. Za razliku od neprovidnog jaspisa na ovoj zemlji, na nebu on ima plavičastu boju i tako je lep i čist da kada ga pogledate, imate osećaj kao da gledate u bistru vodu. Skoro je nemoguće opisati lepotu njegove boje pomoću ovozemaljskih stvari. Možda može da se uporedi sa sjajnom, plavom svetlošću reflektovanom na bistrim talasima. Šta više, možemo da objasnimo njegovu boju kao čistu, plavičastu i belu. Jaspis predstavlja eleganciju i čistotu Boga, i Božju „pravednost" koja je besprekorna, čista i časna.

Ima mnogo vrsta kristala, a u nebeskim uslovima to se odnosi na bezbojan, providan i tvrd kamen koji je tako čist i providan kao čista voda. Čisti i providni kristali se od davnina koriste za ukrašavanje zato što su ne samo providni i čisti, već i lepo reflektuju svetlost.

Kristal, iako nije mnogo skup, divno odbija svetlost tako da izgleda poput duge. Šta više, Bog je Svojom moći postavio sjaj slave na nebeskim kristalima, tako da se ne može čak ni uporediti sa onima koji se nalaze na ovoj zemlji. Apostol Jovan pokušava da ovim kristalom objasni lepotu, čistotu i blistavost Novog Jerusalima.

Sveti grad Novi Jerusalim je ispunjen čudesnom slavom Božjom. Koliko veličanstven, lep i sjajan će biti Novi Jerusalim pošto udomljava presto Božji i vrhunac gde ju Bog Sebe stvorio u Trojstvo?

Poglavlje 2

Imena dvanaest plemena i dvanaest apostola

1. Dvanaest anđela čuvaju kapije
2. Imena dvanaest Izraelskih plemena upisana na dvanaest kapija
3. Imena dvanaest apostola upisana na dvanaest temelja

„I imaše zid veliki i visok, i imaše dvanaestora vrata, i na vratima dvanaest anđela, i imena napisana, koja su imena dvanaest plemena sinova Izrailjevih. Od istoka vrata troja, i od severa vrata troja, od juga vrata troja, i od zapada vrata troja. I zid gradski imaše dvanaest kamena temeljca, i na njima dvanaest imena od dvanaest apostola Jagnjetovih."

- Otkrivenje Jovanovo 21:12-14 -

Novi Jerusalim je okružen zidovima koji sijaju blistavim i sjajnim svetlima. Svakome će jezik ispasti na pod od veličine, veličanstvenosti, lepote i slave ovih zidova.

Grad je u obliku kocke i ima po tri kapija na svakoj strani, na istoku, zapadu, severu i jugu. Ima ukupno dvanaest kapija i nezamislivo je veliki. Gordi i dostojanstveni anđeo čuva svaku kapiju, a imena dvanaest plemena su upisana na ovim kapijama.

Oko zidova Novog Jerusalima su i dvanaest kamena temeljca na kojima stoje dvanaest stubova i imena dvanaest učenika su upisana. Sve u Novom Jerusalimu je napravljeno sa brojem 12, brojem svetlosti, kao njegovom osnovom. Ovo je zato da bi pomoglo svima da lakše razumeju da je Novi Jerusalim mesto za onu decu svetlosti čija srca liče na srce Boga, koji je Sam svetlost.

Pogledajmo sada razloge zašto dvanaest anđela čuvaju dvanaest kapija Novog Jerusalima i zašto su imena dvanaest apostola zapisana po celom gradu.

1. Dvanaest anđela čuvaju kapije

U davna vremena, mnogo vojnika ili čuvara je čuvalo stražu na kapijama zamkova u kojima su kraljevi ili neki drugu visoki zvaničnici boravili i živeli. Ova mera je bila neophodna da zaštiti zgrade od neprijatelja i uljeza. Ipak, dvanaest anđela čuvaju kapije Novog Jerusalima iako niko ne može da uđe ili napadne grad kad god poželi zato što je on kuća Božjeg prestola. Šta je onda razlog?

Da izrazi bogatstvo, autoritet i slavu

Novi Jerusalim je ogroman i velelepni grad van naše mašte. Veliki kineski Zabranjeni grad u kojima su živeli carevi veliki je koliko nečija kuća u Novom Jerusalimu. Čak i veličina Velikog kineskog zida, jednog od sedam svetskih čuda antičkog sveta, ne može biti upoređena sa veličinom grada Novog Jerusalima.

Prvi razlog zašto dvanaest anđela čuvaju kapije je da simbolizuju bogatstvo i čast, autoritet i slavu. Čak i danas, moćnici ili bogataši imaju svoje privatne stražare u i oko njihovih kuća, i to pokazuje bogatstvo i autoritet stanara.

Dakle, očigledno je da anđeli na višim pozicijama čuvaju kapije grada Novog Jerusalima u kome je Božji presto. Čovek može da oseti autoritet Boga i stanovnika Novog Jerusalima u sekundi samo ako pogleda u dvanaest anđela, čije prisustvo uveličava lepotu i slavu samog Novog Jerusalima.

Da zaštite Božju priznatu decu

Šta je, onda, drugi razlog zbog koga dvanaest anđela čuvaju kapije Novog Jerusalima? Poslanica Jevrejima 1:14 pita: *„Nisu li svi službeni duhovi koji su poslani na službu onima koji će naslediti spasenje?"* Bog Svojim plamenim očima i anđelima koje je poslao štiti Svoju decu koja žive na ovoj zemlji. Tako, Satana neće oklevetati one koji žive po Božjoj Reči, nego će oni biti zaštićeni od iskušenja, nevolja, prirodnih i veštačkih nepogoda, bolesti i nezgoda.

Takođe, postoji nebrojeno mnogo anđela na nebu koji izvršavaju svoje dužnosti po Božjoj zapovesti. Među njima su anđeli koji nadgledaju, bilježe i izveštavaju Boga o svakom delu svake osobe bez obzira na to da li je vernik ili ne. Na Sudnji dan, Bog se seća čak i svake reči koju je izgovorila svaka osoba, i nagrađuje po tome šta su on ili ona uradili. Isto tako, svi anđeli su duhovi nad kojima Bog ima kontrolu, i neosporno je da oni štite i paze Božju decu čak i na nebu. Naravno, na nebu neće biti nesreća ili opasnosti jer ne postoji mrak koji pripada neprijatelju đavolu, ali njihova prirodna dužnost je da služe svoje gospodare. Ova dužnost nije ni od koga silom nametnuta nego se izvršava dobrovoljno po redu i harmoniji duhovnog carstva; to je prirodna dužnost dodeljena anđelima.

Da održe miran poredak u Novom Jerusalimu

Šta je, onda, treći razlog zbog koga dvanaest anđela čuvaju kapije Novog Jerusalima?

Nebo je besprekorno duhovno carstvo bez ijedne greške, i funkcioniše u savršenom redu. Tamo nema mržnje, svađa ili naređivanja, već funkcioniše i održava se jedino po Božjim naredbama.

Kuća podeljena protiv sebe će pasti. Na isti način, čak i Satanin svet ne stoji protiv sebe nego i on funkcioniše po nekom određenom redu (Jevanđelje po Marku 3:22-26). Koliko će, onda, kraljevstvo Božje biti pravednije utemeljeno i funkcionisati u redu?

Na primer, banketi koji se održavaju u Novom Jerusalimu se odvijaju u skladu sa određenim redom. Spašene duše u Trećem, Drugom i Prvom kraljevstvu i Raju mogu da uđu u Novi Jerusalim samo na osnovu pozivnice, i opet u skladu sa duhovnim redom. Oni će tamo udovoljiti Bogu i podeliti radost sa stanovnicima Novog Jerusalima.

Kada bi spašene duše iz Raja, Prvog, Drugog i Trećeg kraljevstva mogle slobodno da uđu u Novi Jerusalim kad god zažele, šta bi se desilo? Baš kao što se bez odgovarajućeg upravljanja i sa prolaskom vremena vrednost čak i najboljeg i najvrednijeg objekta umanjuje, tako i ako bi se poredak u Novom Jerusalimu prekršio, njegova lepota ne bi mogla biti adekvatno očuvana.

Zato, zarad mirnog poretka u Novom Jerusalimu, postoji potreba za dvanaest kapija i za anđelima koji čuvaju svaku kapiju. Naravno, oni vernici u Trećem nebeskom kraljevstvu i niže ne mogu slobodno da uđu u Novi Jerusalim čak i da nema anđela da čuva kapiju zbog razlike u slavi. Anđeli osiguravaju da se poredak održava još valjanije.

2. Imena dvanaest Izraelskih plemena upisana na dvanaest kapija

Šta je, onda, povod za pisanje imena dvanaest plemena Izraelskih na kapijama Novog Jerusalima? Imena dvanaest plemena Izraelskih simbolizuju činjenicu da su dvanaest kapija Novog Jerusalima započete sa dvanaest plemena Izraelskih.

Povod za pravljenje dvanaest kapija

Adam i Eva, koji su isterani iz Edenskog vrta zbog njihovog greha neposlušnosti pre oko 6000 godina, izrodili su mnogo dece dok su živeli na ovoj zemlji. Kada je svet bio pun grehova, svi osim Noja, pravednog čoveka među savremenicima, i njegove familije, su bili kažnjeni i nastradali su od vode.

Onda je pre oko 4000 godina rođen Avram, i kad je došlo vreme, Bog ga je postavio kao praoca vere i obilno ga blagosiljao. U Postanku 22:17-18 Bog je dao obećanje Avramu.

Zaista ću te blagosloviti i seme tvoje veoma umnožiti, da ga bude kao zvezda na nebu i kao peska na bregu morskom; i naslediće seme tvoje vrata neprijatelja svojih. I blagosloviće se u semenu tvom svi narodi na zemlji, kad si poslušao glas Moj.

Verni Bog je postavio Jakova, unuka Avramovog, kao osnivača Izraela, i napravio temelj za oformljenje nacije sa njegovih dvanaest sinova. Onda, pre oko 2000 godina, Bog je poslao Isusa kao potomka Judinog plemena i čitavom čovečanstvu otvorio put spasenja.

Na ovaj način, Bog je formirao narod Izraelski sa dvanaest plemena da bi ispunio obećanje koje je dao Avramu. Šta više, da bi simbolizovao i označio ovu činjenicu, Bog je napravio dvanaest kapija u Novom Jerusalimu i napisao imena ovih dvanaest plemena Izraelskih.

Sada, pogledajmo bliže u Jakova, praoca Izraela, i dvanaest plemena.

Jakov, practac Izraela, i njegovih dvanaest sinova

Jakov, unuk Avramov i sin Isakov, na lukavi način uzeo je pravo po rođenju od svog starijeg brata Isava i morao je da pobegne od svog brata kod svog ujaka Labana. Tokom njegovog dvadesetogodišnjeg ostanka u Labanovoj kući, Bog je oplemenio Jakova dok on nije postao praotac Izraela.

Postanak 29:21 pa dalje, do detalja objašnjava Jakovljeve ženidbe i rođenja njegovih dvanaest sinova. Jakov je voleo Rahilju i obećao je da će služiti sedam godina svom ujaku Labanu kako bi mogao da je oženi, ali je bio obmanut od svog ujaka i oženio je njenu sestru Liju. Morao je da obeća Labanu da će služiti još sedam godina kako bi oženio Rahilju. Jakov je konačno oženio Rahilju i voleo je Rahilju više nego što je voleo Liju.

Bog je bio milosrdan prema Liji, koju muž nije voleo, i otvorio je njenu matericu. Lija jer rodila Ruvima, Simeona, Levija i Judu. Jakov je voleo Rahilju, ali ona neko vreme nije mogla da rađa sinove. Postala je ljubomorna na svoju sestru Liju i dala je svoju služavku Valu svom mužu kao suprugu, inoču. Vala je rodila dva sina koji su se zvali Dan i Naftali. Kada Lija više nije mogla da zatrudni, ona je dala Jakovu svoju sluškinju Zilpu kao inoču i ona je rodila Gada i Asira.

Kasnije, Lija je dobila saglasnost od Rahilje da može da spava sa Jakovom u zamenu za mandragoru koju je pronašao njen sin Ruvim (mandrake, simbol plodnosti – prim. prev.). Ona je rodila Isahara i Zavulona i ćerku Dinu. Onda se Bog setio Rahilje koja je bila neplodna i otvorio je njenu matericu, i tada je ona rodila Josifa. Posle rođenja Josifovog, Jakov je dobi zapovest od Boga da pređe reku Javok i vrati se u svoj rodni grad sa svoje dve žene, dve sluškinje i jedanaest sinova.

Jakov je dve decenije prolazio kroz iskušenja u kući svog ujaka Labana. Posle toga se pokorio i molio se dok mu se kuk nije uvrnuo na reci Javok, na putu ka njegovom rodnom gradu. On je tada primio novo ime „Izrael" (Postanak 32:28). Izrael se takođe izmirio sa svojim bratom Isavom i živio u zemlji Hanan. On je primio blagoslov da postane praotac Izraela i sa Rahiljom dobio svog poslednjeg sina Venijamina.

Dvanaest plemena Izraela, izabranog naroda Božjeg

Josifa, koga je njegov otac voleo najviše od svih dvanaest sinova Izraelovih, su sa sedamnaest godina prodala u Egipat njegova braća obuzeta zavišću. Ipak, uz Božje proviđenje Josif je, kada mu je bilo trideset godina, postao premijer Egipta. Znajući da će u zemlji Hanan biti velike gladi, Bog je prvo poslao Josifa u Egipat, i onda je celoj njegovoj porodici dozvolio da se preseli tamo kako bi se brojno dovoljno povećali tako da oforme naciju.

U Postanku 49:3-28, pre nego da izdahne Izrael blagosilja svojih dvanaest sinova, i oni su dvanaest plemena Izraela:

„Ruvime, ti si prvenac moj,
krepost moja i početak sile moje (stih 3)...
Simeun i Levije su braća.
Mačevi su im oružje nepravdi (stih 5)...
Juda, tebe će hvaliti braća tvoja (stih 8)...
Zavulon će živeti pokraj mora (stih 13)...
Isahar je magarac jak u kostima,
Koji leži u toru (stih 14)...
Dan će suditi svom narodu,
kao jedno između plemena Izrailjevih (stih 16)...
A Gad, njega će vojska savladati;
Ali će najposle on nadvladati (stih 19)...
U Asira će biti obilata hrana, (stih 20)...

*Neftalim je košuta puštena
govoriće lepe reči* (stih 21)...
*Josif je rodna grana,
rodna grana kraj izvora* (stih 22)...
Venijamin je vuk grabljivi (stih 27)..."

Svi oni su dvanaest plemena Izraela, i ovo je što im je njihov otac rekao kada ih je blagoslovio, dajući svakom odgovarajući blagoslov. Blagoslovi su drukčiji zato što se svaki sin (pleme) razlikovao po osobinama, ličnosti, delu i naravi.

Preko Mojsija, Bog je dao zakon na dvanaest plemena izraelskih koja su izašla iz Egipta, i poveo ih u zemlju Hanan, gde teče med i mleko. U Ponovljenom zakoniku 33:5-25, vidimo Mojsija kako pred smrt blagosilja narod Izraelski.

*„Da živi Ruvim i ne umre,
a ljudi njegovih da ne bude malo* (stih 6) ...
*Čuj, o GOSPODE, glas Judin,
i dovedi ga opet k narodu njegovom* (stih 7) ...
*I za Levija reče:
„Tvoj Tumim i Tvoj Urim
neka budu u čoveka Tvog svetog"* (stih 8) ...
*Za Venijamina reče:
„Mili GOSPODU
nastaviće bez straha s Njim"* (stih 9) ...
*I za Josifa reče:
„Blagoslovena je zemlja njegova od GOSPODA
blagom s neba, rosom i iz dubine odozdo"* (stih 13) ...
A to je mnoštvo hiljada Jefremovih

i hiljade Manasijine (stih 17) ...
A za Zavulona reče:
„Veseli se Zavulone izlaskom svojim,
i Isahare šatorima svojim" (stih 18) ...
A za Gada reče:
„Blagosloven je onaj
koji širi Gada" (stih 20) ...
A za Dana reče:
„Dan je lavić,
koji će iskakati iz Vasana" (stih 22) ...
I za Neftalima reče:
„Neftalime, siti milosti
i puni blagoslova GOSPODNJEG" (stih 23) ...
Asir će biti blagoslov mimo druge sinove,
biće mio braći svojoj (stih 24) ..."

Levije je, od dvanaest sinova Izraelovih, bio isključen iz dvanaest plemena kako bi postao sveštenik i pripao Bogu. Umesto toga, Josifova dva sina Manasije i Jefrem su formirali dva plemena kako bi zamenili Levijeve.

Imena dvanaest plemena upisana na dvanaest kapija

Kako, onda, mi koji nismo članovi dvanaest plemena Izraela niti smo direktni potomci Avramovi, možemo biti spašeni i možemo proći kroz tih dvanaest kapija na kojima su upisana imena dvanaest plemena?

Odgovor na to pitanje možemo naći u Knjizi Otkrivenja 7:5-8:

Raj II

> *I čuh broj zapečaćenih, sto i četrdeset i četiri hiljade zapečaćenih od svih kolena sinova Izrailjevih: Od kolena Judinog dvanaest hiljada zapečaćenih; od kolena Ruvimovog dvanaest hiljada zapečaćenih; od kolena Gadovog dvanaest hiljada zapečaćenih; Od kolena Asirovog dvanaest hiljada zapečaćenih; od kolena Neftalimovog dvanaest hiljada zapečaćenih; od kolena Manasijinog dvanaest hiljada zapečaćenih; Od kolena Simeunovog dvanaest hiljada zapečaćenih; od kolena Levijevog dvanaest hiljada zapečaćenih; od kolena Isaharovog dvanaest hiljada zapečaćenih; Od kolena Zavulonovog dvanaest hiljada zapečaćenih; od kolena Josifovog dvanaest hiljada zapečaćenih; od kolena Venijaminovog dvanaest hiljada zapečaćenih.*

U ovim stihovima, prvo se spominje ime Judinog plemena a prati ga ime plemena Ruvimovog što nije kao što je u knjigama Postanak i Ponovljeni zakon. I ime plemena Danovog je obrisano, a ime Manasijinog plemena je dodato.

Zabilježen je ozbiljan greh plemena Danovog u 1. Kraljevima 12:28-31.

> *Zato car smisli, te načini dva teleta od zlata, pa reče narodu: „Ne treba više da idete u Jerusalim; evo bogova tvojih, Izrailju, koji su te izveli iz zemlje misirske (Egipat)." I namesti jedno u Vetilju, a drugo namesti u Danu. I to bi na greh, jer narod iđaše k jednome do Dana. I načini kuću na visini, i postavi sveštenike od prostog naroda koji ne behu od sinova Levijevih.*

Jerovoam, koji je postao prvi kralj Severnog izraelskog kraljevstva, mislio je u sebi da ako bi ljudi otišli da ponude žrtve u hramu GOSPODNJEM u Jerusalimu, oni bi opet pokazali pokornost svome gospodaru, Rovoamu kralju Judejskom. Kralj je napravio dva zlatna teleta, i jedno postavio u Vetilju, a drugo u Danu. Zabranio je ljudima da idu u Jerusalim da daju žrtve Bogu i naveo ih je da služe u Vetilju i Danu.

Pleme Dan je počinilo greh idolopoklonstva i načinilo obične ljude Božjim sveštenicima iako niko osim članova plemena Levija nije mogao postati sveštenik. I oni su ustanovili praznik na petnaesti dan osmog meseca, kao što je praznik održavan u Judeji. Bog nije mogao da im oprosti sve ove grehove, pa ih se odrekao.

Dakle, ime plemena Dan je izbačeno i zamenjeno imenom plemena Manasija. Činjenica da je ime plemena Manasija dodato je pretskazana u Postanku 48:5. Jakov je rekao svom sinu Josifu:

Sada dakle dva sina tvoja, što ti se rodiše u zemlji misirskoj pre nego dođoh k tebi u Misir, moji su, Jefrem i Manasija kao Ruvim i Simeun neka budu moji.

Jakov, otac Izraela, već je označio Manasiju i Jefrema kao svoje. Tako, u Novom Zavetu, u Knjizi Otkrivenja, nalazi se da je ime plemena Manasija zapisano umesto imena Dana.

Činjenica da je među dvanaest plemena Izraela ime plemena Manasija ovako zapisano iako on nije bio jedan od dvanaest Izraelskih vođa ukazuje da će nejevreji zauzeti mesto Izraelaca i biti spašeni.

Bog je kroz dvanaest plemena Izraela postavio temelj nacije. Pre oko dve hiljade godina, On je otvorio kapije pranja naših grehova kroz dragocenu, na krstu prolivenu krv Isusa Hrista i dozvolio svakome da primi spasenje sa verom.

Bog je izabrao narod Izraela koji su izrasli iz tih dvanaest plemena i nazvao ih „Moj narod," ali kako su oni na kraju omanuli da poštuju Božju volju, jevanđelje je prešlo kod nejevreja.

Nejevreji, izdanak divlje masline koja je kalemljena, su zamenili Božji izabrani narod Izraela koji je izdanak masline. Zato je apostol Pavle rekao u Poslanici Rimljanima 2:28-29 da: *„Jer ono nije Jevrejin koji je spolja Jevrejin, niti je ono obrezanje koje je spolja, na telu. Nego je ono Jevrejin koji je iznutra i obrezanje srca duhom a ne slovima, to je obrezanje; kome je hvala ne od ljudi nego od Boga."*

Ukratko, nejevreji su došli da zamene narod Izraela da bi se ispunilo Božje proviđenje baš kao što je pleme Dan bilo obrisano a pleme Manasija dodato. Zato, čak i nejevreji mogu da uđu u Novi Jerusalim kroz dvanaest kapija sve dok poseduju odgovarajuće kvalifikacije vere.

Zato, ne samo oni koji su pripadnici tih dvanaest plemena Izraela, nego će primiti spasenje i oni koji u veri postanu naslednici Avramovi. Kada nejevreji dođu u veru, Bog ih više ne smatra „nejevrejima" nego umesto toga pripadnicima dvanaest plemena. Sve nacije će kroz tih dvanaest kapija biti spašene, i to je Božja pravednost.

Nakon svega, „dvanaest plemena" Izraela duhovno se odnosi na svu Božju decu koja su spašena verom, i Bog je napisao imena dvanaest plemena na dvanaest kapija Novog Jerusalima da bi prikazao ovu činjenicu.

Ipak, kao što različite zemlje imaju različite karakteristike, slava svakog od dvanaest plemena i dvanaest kapija takođe variraju na nebu.

3. Imena dvanaest apostola upisana na dvanaest temelja

Šta je, onda, razlog da su imena dvanaest apostola napisana na dvanaest temelja Novog Jerusalima?

Da bi se izgradila zgrada, morate da imate temelj na kome će biti postavljeni stubovi. Lako je proceniti veličinu konstrukcije ako gledate u dubinu iskopanog temelja. Temelji su veoma važni zato što moraju da podrže težinu cele strukture.

Na isti način, dvanaest temelja su postavljeni da bi izdržali zidove Novog Jerusalima i dvanaest stubova između kojih su napravljene dvanaest kapije. Onda je napravljeno dvanaest kapija. Veličina dvanaest temelja i dvanaest stubova je tako ogromna izvan našeg razumevanja, i mi ćemo se udubiti u to u sljedećem poglavlju.

Dvanaest temelja, važnijih nego dvanaest kapija

Svaka senka ima biće koje je baca. Po istom principu, Stari Zavet je senka Novog Zaveta zato što Stari Zavet svedoči Isusu koji je trebao da dođe na ovaj svet kao Spasitelj, a Novi Zavet bilježi službovanje Isusovo koji je došao na ovaj svet, ispunio sva proročanstva, i ostvario put spasenja (Poslanica Jevrejima 10:1).

Bog, koji je postavio temelj nacije kroz dvanaest plemena Izraela i preko Mojsija objavio Zakon, podučio dvanaest apostola preko Isusa koji je ispunio Zakon sa ljubavlju i načinio ih svedocima Gospoda po celom svetu. Na ovaj način, dvanaest apostola su heroji koji su učinili mogućim da se ispuni Zakon Starog Zaveta i da se napravi grad Novi Jerusalim, ne ponašajući se kao senka nego kao biće koje je pravi.

Zato, dvanaest temelja Novog Jerusalima su mnogo važniji nego dvanaest kapija, i uloga dvanaest apostola je mnogo važnija nego uloga dvanaest plemena.

Isus i Njegovih dvanaest učenika

Isus Sin Božji, koji je došao na ovaj svet u telu, počeo je Svoje službovanje sa trideset godina, pozvao je Svoje učenike i učio ih. Kada je došlo vreme, Isus je osposobio Svoje apostole da isteruju demone i leče bolesne. Jevanđelje po Mateju 10:2-4 spominje dvanaest apostola:

> *A dvanaest apostola imena su ova: Prvi Simon, koji se zove Petar, i Andrija brat njegov; Jakov sin Zevedejev, i Jovan brat njegov; Filip i Vartolomije; Toma, i Matej carinik; Jakov sin Alfejev, i Levije prozvani Tadija; Simon Kananit, i Juda Iskariotski, koji Ga i predade.*

Kao što je Isus zahtevao, oni su propovedali jevanđelja i izvodili dela Božje moći. Oni su svedočili živom Bogu i odveli su mnoge duše na put spasenja. Svi su oni, osim Jude Iskariotskog koga je podsticao Satana i na kraju je prodao Isusa, svedočili Gospodovom uskrsnuću i uspeću, i doživeli Svetog Duha kroz revnosne molitve.

Onda, pošto ih je Bog opunomoćio, oni su primili Svetog Duha i moć, i postali svedoci Gospoda u Jerusalimu, celoj Judei i Samariji i na svim krajevima sveta.

Matija je zamenio Judu Iskariotskog

Dela 1:15-26 opisuju proces zamene Jude Iskariotskog među dvanaest apostola. Oni su molili Boga i bacili kocku. Ovo je bilo urađeno jer su apostoli hteli da bude urađeno po Božjoj volji, bez ikakve intervencije ljudskih misli. Oni su konačno odabrali jednog među onima koje je učio Isus, čoveka po imenu Matija.

Razlog zašto je Isus ipak odabrao Judu Iskariotskog znajući da će ga on na kraju izdati leži ovde. Činjenica da je Matija bio novoizabran znači da su čak i nejevreji mogu primiti spasenje. To takođe znači da izabrane sluge Božje danas pripadaju Matijinom mestu. Od vaskrsenja i uspenja Gospodovog, bilo je mnogo sluga Božjih koji su bili izabrani od Samog Boga, i svako ko postane jedan sa Gospodom može biti odabran za Gospodovog apostola, kao što je i Matija postao Njegov apostol.

Sluge Božji odabrani od Samog Boga povinuju se volji svoga Gospodara samo sa „da." Ako se sluge Božji ne povinuju Njegovoj volji, oni ne mogu i ne trebaju biti zvani „sluge Božje" ili „odabrane Božje sluge."

Dvanaest apostola uključujući Matiju su ličili na Boga, dostigli svetost, povinovali se Božjem učenju i u potpunosti ispunili Božju volju. Oni su postali temelji svetske misije time što su ispunili svoje dužnosti dok nisu postali mučenici.

Imena dvanaest apostola

Oni koji su bili spašeni verom, iako nisu bili ni posvećeni ni verni u celoj Božjoj kući, mogu sa pozivnicom da posete Novi Jerusalim, ali oni ne mogu da obitavaju tamo zauvek. Tako, razlog zbog čega su dvanaest imena od dvanaest apostola upisana na dvanaest temelja je taj da nas podseti da samo oni koji su bili posvećeni i verni u celoj Božjoj kući u ovom životu mogu da dođu u Novi Jerusalim.

Dvanaest plemena Izraela odnose se na svu Božju decu koja su verom spašena. Oni koji su posvećeni i verni svim svojim životom imaće kvalifikacije da uđu u Novi Jerusalim. Iz ovih razloga, dvanaest temelja su mnogo važniji, i zato imena dvanaest apostola nisu upisana na dvanaest kapija nego na dvanaest temelja.

Zašto je, onda, Isus odabrao samo dvanaest apostola? U Svojoj savršenoj mudrosti, Bog ispunjava Svoje proviđenje koje je stvorio pre nego što je počelo vreme i ostvaruje sve shodno tome. Tako, mi znamo da je Isus odabrao samo dvanaest apostola da bi ispunio sve po Božjem planu.

Bog, koji je formirao dvanaest plemena u Starom Zavetu, odabrao je dvanaest apostola, koristeći broj 12 koji stoji za „svetlost" i „savršenstvo" i u Novom Zavetu, a senka Starog Zaveta i biće Novog Zaveta postali su par.

Bog ne menja Svoje mišljenje i plan koji je jednom napravio, i drži Svoju Reč. Zato, mi moramo da verujemo u sve Reči Božje u Bibliji, i pripremimo sebe kao Božje neveste da Ga prihvatimo, i dostignemo i zadržimo kvalifikacije neophodne za ulazak u Novi Jerusalim kao dvanaest apostola.

Isus nam je rekao u Otkrivenju Jovanovom 22:12: *"I evo, Ja ću doći skoro, i plata Moja sa Mnom, da dam svakome po delima njegovim."*

Kakav hrišćanski život vi treba da vodite ako istinski verujete da se Gospod vraća uskoro? Vi ne treba da budete zadovoljni samo time što ste primili spasenje verom u Isusa Hrista, nego takođe morate da odbacite svoje grehove i budete verni u svim svojim dužnostima.

Ja se molim u ime Gospoda Isusa Hrista da ćete vi imati večnu slavu i blagoslove u Novom Jerusalimu kao i praoci vere čija imana su upisana na dvanaest kapija i dvanaest temelja!

Poglavlje 3

Veličina Novog Jerusalima

1. Izmeren zlatnom trskom
2. Novi Jerusalim u obliku kocke

„I onaj što govoraše sa mnom, imaše trsku zlatnu da izmeri grad i vrata njegova i zidove njegove. I grad na četiri ugla stoji, i dužina je njegova tolika kolika i širina. I izmeri grad trskom na dvanaest hiljada potrkališta: dužina i širina i visina jednaka je. I razmeri zid njegov na sto i četrdeset i četiri lakta, po meri čovečjoj, koja je anđelova."

- Otkrivenje Jovanovo 21:15-17 -

Neki vernici misle da će svako ko je spašen ići u Novi Jerusalim koji udomljuje Božji presto, ili pogrešno shvataju da je Novi Jerusalim nebo u svojoj celosti. Ipak, Novi Jerusalim nije celo nebo, već samo dio beskonačnog neba. Samo Božja iskrena deca koja su potpuno sveta i posvećena mogu u njega da uđu. Koliko veliko, možda se čudite, je veličina Novog Jerusalima, koji je Bog pripremio za Njegovu iskrenu decu?

Hajde da se udubimo u veličinu i oblik Novog Jerusalima, i u duhovna značenja sakrivena u njima.

1. Izmeren zlatnom trskom

Prirodno je za one sa iskrenom verom i usrdnom nadom za Novi Jerusalim da hoće da znaju o veličini i širini Grada. Pošto je to mesto za Božju decu koja su posvećena i potpuno liče na Gospoda, Bog je pripremio Novi Jerusalim tako prelepo i veličanstveno.

U Otkrivenju Jovanovom 21:15, možete da pročitate o anđelu koji stoji sa zlatnom trskom da izmeri veličinu kapija i zidova Novog Jerusalima. Zašto je, onda, Bog dozvolio da se Novi Jerusalim meri zlatnom trskom?

Zlatna trska je vrsta lenjira koji se koristio za merenje razdaljine na nebu. Ako znate značenje zlata i trske, vi možete da razumete razlog zašto Bog meri dimenzije Novog Jerusalima sa zlatnom trskom.

Zlato ima značenje „vere" zato što se nikada ne menja tokom vremena. Zlato zlatne trske simbolizuje činjenicu da je Božja mera tačna i nikada se ne menja, i sva Njegova obećanja će biti održana.

Karakteristike trske koja meri veru

Trska je visoka i njena ivica je mekana. Ona se savija lako prema vetru ali se ne lomi; ona ima i mekoću i čvrstinu u isto vreme. Trska ima čvorove, a to znači da Bog nagrađuje shodno sa onim šta je ko učinio.

Dakle, razlog zbog koga Bog meri grad Novi Jerusalim zlatnom trskom je da tačno izmeri veru svakog pojedinca i uzvrati u skladu sa onim šta su on ili ona učinili.

Sada, hajde da razmotrimo karakteristike i duhovno značenje trske da bi razumeli zašto Bog meri dimenzije Novog Jerusalima zlatnom trskom.

Kao prvo, trske imaju veoma duboko i jako korenje. One su visoke 1-3 metara, oko 3-10 stopa, i žive u gomilama u pesku močvara ili jezera. Možda se čini da imaju slabo korenje, ali ne možemo da ih lako iščupamo.

Na isti način, Božja deca bi takođe trebala da budu čvrsto ukorenjena u veri i da stoje na kamenu vere. Samo kada imate nepromenjenu veru koja neće biti poljuljana ni pod kojim okolnostima, vi ćete moći da uđete u Novi Jerusalim čije su dimenzije izmerene zlatnom trskom. Zbog ovog razloga se apostol Pavle molio za vernike Efežane: „*da se Hristos useli verom u srca vaša, da budete u ljubavi ukorenjeni i utemeljeni*"

(Poslanica Efežanima 3:17).

Drugo, trska ima veoma meke ivice. Pošto je Isus imao meko i blago srce, koje podseća na trsku, On se nikada nije raspravljao ili plakao. Čak i kada su Ga drugi kritikovali ili progonili, Isus se ne bi raspravljao već bi umesto toga odlazio.

Zato oni koji se nadaju za Novi Jerusalim treba da imaju blago srce kao što je bilo Isusovo. Ako se osećate nelagodno kada drugi ukazuju na vaše greške ili vas opominju, to znači da još uvek imate tvrdo i ponosno srce. Ako imate meko i blago srce kao paperje, vi možete da prihvatite ove stvari sa zadovoljstvom bez osećanja žalosti ili nezadovoljstva.

Treće, trska se lako savija prema vetru, ali ne može lako da se slomi. Posle jakog tajfuna, veliko drveće se ponekad iščupa, ali trska se obično ne slomi čak ni na jakom vetru zato što je meka. Ljudi na ovoj zemlji ponekad upoređuju žensku pamet i srca sa trskom da bi se izrazili na pogrdan način, ali Bog upoređuje suprotno. Trska je meka i može da izgleda veoma slaba, ipak ona ima snagu da ne pukne čak i na jakom vetru, a ima i lepotu svojih elegantnih, belih cvetova.

Zato što trska ima sve aspekte stvari kao što su mekoća, čvrstina i lepota, ona može da simbolizuje pravdu određenih presuda. Ovakve karakteristike trske takođe mogu da budu pripisane Izraelskoj državi. Izrael ima relativno malu teritoriju i populaciju, i okružen je neprijateljskim komšijama. Izrael možda izgleda kao slaba zemlja, ali nikada se nije „polomio" ni pod kojim okolnostima. Ovo je zato što imaju tako jaku veru u Boga, veru koja je ukorenjena u praocima vere uključujući i Avrama. Čak iako izgledaju kao da će se fizički slomiti u trenutku, vera Izraelaca u Boga dozvoljava im da stoje čvrsto.

Na isti način, da bi ušli u Novi Jerusalim, mi moramo da imamo veru koja se nikada ne koleba ni pod kojim okolnostima, da smo ukorenjeni u Isusu Hristu koji je stena, kao trska sa jakim korenjem.

Četvrto, stablo trske je pravo i glatko pa se često koristi za pravljenje krovova, strela, ili pera na olovci. Pravo stablo takođe ukazuje na kretanje napred. Za veru se kaže da je „živa" samo onda kada stalno napreduje. Oni koji se usavršavaju i razvijaju će rasti u svojoj veri iz dana u dan, i nastaviće da napreduju ka nebu.

Bog bira ova dobra tela koja napreduju ka nebu, prečišćava i pravi ih savršenim kako bi ovi ljudi mogli da uđu u Novi Jerusalim. Zato mi treba da napredujemo ka nebu kao lišće koje klija sa kraja pravog stabla.

Peto, dok su mnogi pisci pisali o cvetovima trske da bi opisali miran predeo, spoljašnjost trske je veoma meka i lepa, a njeno lišće je graciozno i elegantno. Kao što 2. Korinćanima Poslanica 2:15 kaže: *„Jer smo mi Hristov miris Bogu i među onima koji se spasavaju i koji ginu"* oni koji stoje na kamenu vere odaju miris Hrista. Oni koji imaju ovakva srca imaju dražesna i blažena lica, i ljudi mogu da iskuse nebo kroz njih. Zato, da uđemo u Novi Jerusalim, mi treba da odamo lepi miris Hrista koji je kao meki cvetovi i elegantni listovi trske.

Šesto, lišće trske je tanko a ivice su tako oštre da može da poseče kožu samo lakim dodirom. Na isti način, oni koji imaju veru ne smiju da prave nagodbu sa grehom već da odbacivanjem zla postanu kao sečiva.

Danilo, koji je bio sveštenik velike Perse i kralj ga je voleo, suočio se sa iskušenjem u kojem su ga zli, ljubomorni ljudi osudili da bude bačen u lavlji kavez. Ipak, on se uopšte nije nagodio, već se čvrsto držao svoje vere. Kao rezultat, Bog je poslao Svog anđela da zatvori usta lavovima, i dozvolio je Danilo da silno slavi Boga pred kraljem i svim ljudima.

Bog je zadovoljan vrstom vere koju je Danilo imao, vrstom koja ne pravi nagodbe sa svetom. On štiti one koji imaju ovu vrstu vere od svih vrsta teškoća i iskušenja, i dozvoljava im da Ga slave na kraju. Takođe, On ih blagoslovi i pravi : *„da si glava a ne rep"* gde god da idu (Knjiga ponovljenog zakona 28:1-14).

Šta više, kao što nam Poslovice 8:13 govore: *„Strah je GOSPODNJI mržnja na zlo"* ako imate zlo u srcu, vi morate da ga odbacite kroz usrdne molitve i post. Samo kada ne pravite nagodbe sa grehovima već mrzite zlo, bićete posvećeni i imaćete kvalifikacije da uđete u Novi Jerusalim.

Mi smo razmotrili razlog zašto Bog meri grad Novi Jerusalim zlatnom trskom posmatrajući šest karakteristika trske. Upotreba zlatne trske dozvoljava nam da znamo da Bog meri našu veru precizno i nagrađuje nas tačno kao što smo učinili u ovom životu, i da On ispunjava Svoja obećanja.

2. Novi Jerusalim u obliku kocke

Bog je posebno zabilježio veličinu i oblik Novog Jerusalima u Bibliji. Otkrvenje Jovanovo 21:16 govori nam da je grad u obliku kocke sa petnaest hiljada milja (12000 stadia ili 2400 kilometara) u dužini, širini i visini. Na ovo neki će možda da se pitaju: „Zar nećemo da se osećamo kao zaključani?" Ipak, Bog je napravio unutrašnjost Novog Jerusalima tako udobnim i zadovoljavajućim. Takođe, čovek ne može da vidi grad Novi

Jerusalim od spolja, dok ljudi unutar zidova mogu da vide spoljašnjost. Drugim rečima, nema razloga da se osećate neudobno ili ograničeno unutar zidina.

Isti u širini, dužini i visini

Šta je, onda, razlog što je Bog stvorio Novi Jerusalim u obliku kocke? Ista dužina i širina predstavljaju red, tačnost, pravdu i pravednost grada Novog Jerusalima. Bog kontroliše poredak svih stvari kako bi se nebrojene zvezde, mesec, sunce, solarni sistem i ostatak univerzuma precizno i tačno kretali bez ijedne greške. Isto tako, Bog je napravio grad Novi Jerusalim u obliku kocke da pokaže da On kontroliše poredak svih stvari i istorije, precizno ispunjava sve do kraja.

Novi Jerusalim ima istu širinu i dužinu, i dvanaest kapija i dvanaest temelja, tri sa svake strane. Ovo simbolizuje da bez obzira gde čovek da živi na ovoj zemlji, pravila će biti pošteno primenjena prema onima koji imaju kvalifikacije da uđu u Novi Jerusalim. Naime, ljudi koji su kvalifikovani merom zlatne trske će ući u Novi Jerusalim bez obzira na njihov pol, godine ili rasu.

Ovo je zato što Bog, sa Njegovim ispravnim i pravednim karakterom, sudi sa pravdom i tačno meri kvalifikacije za ulazak u Novi Jerusalim. Šta više, kocka predstavlja sever, jug, istok i zapad. Bog je napravio Novi Jerusalim, i zove Svoju savršenu decu koja su spašena sa verom među svim nacijama sa sve četiri strane.

U Otkrivenju Jovanovom 21:16 čitamo: *„I grad na četiri ugla stoji, i dužina je njegova tolika kolika i širina. I izmeri* *grad trskom na petnaest hiljada potrkališta: dužina i širina i visina jednaka je.* " „Hiljadu petsto milja" je pretvoreno u „dvanaest hiljada (12000) stadija" što je grčka mera za dužinu, a pretvoreno ponovo je približno 2400 kilometara. Dakle, mere Novog Jerusalima oblika kocke su 2400 km u širini, dužini i visini.

Takođe, u Otkrivenju Jovanovom 21:17 čitamo: „*I razmeri zid njegov na sto i četrdeset i četiri lakta, po meri čovečjoj, koja je anđelova.*"

Zidovi grada Novog Jerusalima su sedamdeset dve jarde debeli. „Sedamdeset dve jarde" je pretvoreno u oko „144 kubita" ili 65 metara, ili 213 stopa. Pošto je grad Novi Jerusalim ogroman, njegovi zidovi su neuporedivo debeli.

Poglavlje 4

Napravljen od čistog zlata i dragog kamenja svih boja

1. Ukrašen čistim zlatom i svim vrstama dragog kamenja
2. Zidovi Novog Jerusalima napravljeni od jaspisa
3. Napravljen od zlata čistog kao staklo

*„I beše građa zidova njegova jaspis,
i grad zlato čisto, kao čisto staklo."*

- Otkrivenje Jovanovo 21:18 -

Pretpostavimo da imate svo bogatstvo i vlast da napravite kuću u kojoj vi i vaši voljeni treba da živite večno. Kako biste želeli da je napravite? Koje materijale bi upotrebili? Nije važno koja je cena, rok izgradnje, i koliko radne snage vam treba da je izgradite, vi bi verovatno želeli da je izgradite na najlepši i najdivniji način.

Isto tako, zar ne bi naš Bog Otac hteo da napravi i lepo ukrasi Novi Jerusalim sa najboljim nebeskim materijalima da tamo zauvek ostane sa svojom lepom decom? Šta više, svaki materijal u Novom Jerusalimu ima različito značenje kako bi se odalo priznanje vremenu u kojem smo patili u veri i ljubavi na ovoj zemlji, i sve je tamo veličanstveno.

Jednostavno je prirodno za one koji duboko u svojim srcima čeznu za Novim Jerusalimom da žele da znaju više o njemu.

Bog zna srca ovih ljudi i detaljno nam je u Bibliji dao različite delove informacije o Novom Jerusalimu, uključujući veličinu, oblik čak i debljinu zidova.

Od čega je, onda, napravljen Novi Jerusalim?

1. Ukrašen čistim zlatom i svim vrstama dragog kamenja

Novi Jerusalim, koga je Bog pripremio za Svoju decu, je napravljen od čistog zlata koje se nikad ne menja i ukrašen je drugim nakitom. Na nebu ne postoji materijal, kao što je zemlja na ovoj planeti, koji se menja kako prolazi vreme. Putevi u

Novom Jerusalimu su napravljeni od čistog zlata, a temelji su od dragog kamenja. Ako je pesak na obali reke vode života od srebra i zlata, koliko bi divniji bili materijali za ostale zgrade?

Novi Jerusalim: Božje remek delo

Sve svetski poznate zgrade, njihova blistavost, vrednost, elegancija i finoća, se razlikuju od jedne do druge konstrukcije u zavisnosti od materijala koji je korišćen za njihovu izgradnju. Mermer je sjajniji, elegantniji i lepši nego pesak, drvo ili cement.

Možete li da zamislite koliko bi lepo i veličanstveno bilo kada biste napravili celu zgradu sa skupim zlatom i dragim kamenjem? Štaviše, još koliko će biti lepše i fantastičnije zgrade na nebu napravljene od najlepših materijala!

Zlato i drago kamenje koje je napravio Bog na nebu se mnogo razlikuju po njihovom kvalitetu, boji i finoći od onih na ovoj zemlji. Njihova čistoća i svetlost koja toliko lepo sija ne mogu dovoljno biti objašnjene rečima.

Čak i na ovom svetu, razne vrste posuda mogu biti napravljene od iste gline. One mogu biti skupi porcelan ili jeftina grnčarija u zavisnosti od vrste gline i nivoa veštine grnčara. Bogu je trebalo hiljade godina da napravi Svoje remek delo, Novi Jerusalim, koji je ispunjen veličanstvenom, dragocenom i savršenom slavom Gradskog Arhitekte.

Čisto zlato stoji za veru i večni život

Čisto zlato je stoprocentno zlato bez ikakvih nečistoća, i jedina je stvar koja se nikad ne menja na ovoj zemlji. Zbog ove osobine, mnoge zemlje su ga koristile kao standard za njihovu valutu i menjački kurs, i korišćeno je za ukrašavanja kao i za industrijske potrebe. Mnogi ljudi traže i vole čisto zlato.

Razlog zbog koga nam je Bog dao zlato na ovoj zemlji je da bi nam omogućio da shvatimo da postoje stvari koje se nikad ne menjaju, i da večni svet stvarno postoji. Stvari na ovoj zemlji se pohabaju i menjaju se kako vreme prolazi. Kada bismo imali samo takve stvari, bilo bi nam teško da svojim ograničenim znanjem shvatimo da postoji večno nebo.

Zato nam je Bog dozvolio da znamo da postoje večne stvari kroz ovo zlato koje se nikad ne menja. Na nama je da shvatimo da postoji nešto što se nikad ne menja i da imamo nadu za večno nebo. Čisto zlato stoji za duhovnu veru koja se nikad ne menja. Zato, ako ste mudri, vi ćete pokušati da dostignete veru koja je kao nepromenljivo zlato.

Postoji mnogo stvari na nebu koje su napravljene od čistog zlata. Zamislite koliko bi mi zahvalni bili da samo gledamo u nebo napravljeno od čistog zlata, koje mi u ovom životu na ovoj zemlji smatramo najvrednijim!

Ipak, oni nemudri cene zlato samo kao način da povećaju ili prikažu svoje bogatstvo. Prema tome, oni se drže dalje od Boga i ne vole Ga, i oni će na kraju pasti u ognjeno jezero ili gorući sumpor u paklu, i večno će se kajati govoreći: „Ja ne bih patio u paklu samo da sam smatrao veru isto toliko dragocenom kao što sam zlato smatrao tako dragocenim."

Zato, nadam se da ćete vi biti mudri i da ćete posedovati nebo tako što ćete pokušati da steknete nepromenljivu veru a ne ovozemaljsko zlato koje ćete morati da ostavite onda kad vaš život na ovom svetu dođe do kraja.

Drago kamenje stoji za Božju slavu i ljubav

Drago kamenje je čvrsto i ima veliki indeks prelamanja svetlosti. Oni imaju i i isijavaju divne boje i svetla. Pošto se ne proizvode puno, mnogo ljudi ih voli i smatra dragocenim. Na nebu, Bog će obući one koji verom poseduju nebo u finu tkaninu i ukrasiti ih mnogim dragim kamenjem kako bi izrazio Svoju ljubav.

Ljudi vole drago kamenje i pokušavaju da izgledaju lepše ukrašavajući se raznim nakitom. Koliko divno će biti kad vam Bog da mnogo blistavog dragog kamenja na nebu.

Neko će možda da pita: „Zašto nam treba drago kamenje na nebu?" Drago kamenje na nebu predstavlja Božju slavu, a količina dragog kamenja kojim je neko nagrađen predstavlja meru Božje ljubavi za tu osobu.

Na nebu ima mnogo dragog kamenja raznih vrsta i boja. Za dvanaest temelja Novog Jerusalima, tu je safir prozirne tamno plave boje; smaragd providno zelene boje; tamno crveni rubin i providno žućkasto zeleni hrizolit. Plavkasto zeleni beril nas podseća na čistu morsku vodu, a topaz ima blago narandžastu boju. Hrisopras je polu providno tamno zelen, a ametist ima svetlo ljubičastu ili tamno purpurnu boju.

Osim ovih, postoji bezbroj dragog kamenja koje ima i daje divne boje poput jaspisa, kalcedona, sardoniksa i hijacinta. Svo ovo drago kamenje ima različita imena i značaj kao što i drago kamenje na ovom svetu ima. Boje i imena svakog kamena su ukombinovani da pokažu dostojanstvo, ponos, vrednost i slavu.

Kao što drago kamenje na ovoj zemlji pod različitim uglovima odašilje različitu boju, drago kamenje na nebu ima različita svetla i boje, a drago kamenje u Novom Jerusalimu posebno sija i reflektuje dvostruka ili trostruka svetla.

Vrlo očigledno, ovo drago kamenje je još lepše van poređenja sa onim koje se može naći na ovoj zemlji zato što je Sam Bog izglačao rudu uz pomoć moći stvaranja. Zato je apostol Jovan rekao da je lepota Novog Jerusalima kao lepota najdragocenijeg kamenja.

Takođe, drago kamenje u Novom Jerusalimu isijava još lepša svetla nego na drugim mestima stanovanja zato što Božja deca koja uđu u Novi Jerusalim potpuno dostižu Božje srce i Njemu daju slavu. Tako, i unutrašnjost i spoljašnjost Novog Jerusalima je ukrašena mnogim vrstama divnog dragog kamenja različitih boja. Ipak, ovo drago kamenje nije dato svima, nego kao nagrada u skladu sa svačijim delima vere na ovoj zemlji.

2. Zidovi Novog Jerusalima napravljeni od jaspisa

Otkrovenje Jovanovo 21:18 nam govori da su zidovi Novog Jerusalima „napravljeni od jaspisa." Možete li da zamislite kako grandiozni bi bili zidovi Novog Jerusalima napravljeni celom dužinom od jaspisa?

Jaspis stoji za duhovnu veru

Jaspis je na ovoj zemlji obično čvrst i neproziran kamen.

Njegove boje variraju, počev od zelene, crvene do žućkasto zelene. Neke od njegovih boja su mešavina ili neke imaju tačkice. Čvrstina se razlikuje u zavisnosti od boje. Jaspis je relativno jeftin i neki je lako lomljiv, ali nebeski jaspis koji je napravio Bog, se nikad ne menja ili lomi. Nebeski jaspis ima plavičasto belu boju i providan je tako da izgleda kao da gledate u masu čiste vode. Iako ne može biti upoređen sa bilo čim na ovoj zemlji, sličan je briljantnim, plavičastim sunčevim zracima koji sa odbijaju od talasa na okeanu.

Ovaj jaspis stoji za duhovnu veru. Vera je najbitniji i osnovni element u vođenju hrišćanskog života. Bez vere ne možete ni primiti spasenje ni udovoljiti Bogu. Šta više, bez vere kojom udovoljavate Bogu, vi ne možete da uđete u Novi Jerusalim.

Zbog toga, grad Novi Jerusalim je napravljen sa verom, a dragi kamen koji može da izrazi boju ove vere je jaspis. Zato su zidovi Novog Jerusalima napravljeni od jaspisa.

Ako nam Biblija govori: „Zidovi Novog Jerusalima su napravljeni sa verom," da li bi ljudi bili sposobni da razumeju takvu izjavu? Naravno da to ne može biti shvaćeno ljudskim umom i bilo bi veoma teško za ljude da čak i pokušaju da zamisle kako je lepo ukrašen Novi Jerusalim.

Zidovi napravljeni od jaspisa jasno sijaju svetlošću Božje slave i ukrašeni su raznim šarama i mustrama.

Grad Novi Jerusalim je remek delo Boga Stvoritelja i mesto za večni odmor najboljeg ploda proizašlog iz 6000 godina ljudske kultivisanja. Koliko veličanstven, divan i briljantan može biti grad?

Moramo da shvatimo da je Novi Jerusalim napravljen sa najboljom tehnologijom i opremom čiju mehaniku mi ne možemo čak ni da razumemo.

Iako su zidovi providni, unutrašnjost nije vidljiva od spolja. Međutim, ovo ne znači da će se ljudi u gradu osećati kao da su sputani unutar gradskih zidova. Stanovnici Novog Jerusalima mogu da iznutra vide van grada, pa izgleda kao i da nema zidova. Kako čudesno će to biti!

3. Napravljen od zlata čistog kao staklo

Kasniji deo Otkrivenja Jovanovog 21:18 kaže: „*Grad zlato čisto, kao čisto staklo.*" Razmotrimo sada karakteristike zlata kako bi sebi pomogli da zamislimo Novi Jerusalim i shvatimo njegovu lepotu.

Čisto zlato ima nepromenljivu vrednost

Zlato ne oksidiše na vazduhu ili u vodi. Ono se ne menja tokom vremena i nema hemijskih reakcija sa drugim supstancama. Zlato uvek održava istu, divnu blistavost. Ovozemaljsko zlato je previše meko, pa moramo da pravimo legure; na nebu, zlato nije toliko meko. Takođe, zlato ili drugi dragulji na nebu daju drugačije boje i imaju drukčiju čvrstoću nego oni koji se nalaze na zemlji, zato što primaju svetlost Božje slave.

Čak i na ovoj zemlji, elegancija i vrednost dragulja razlikuju se u odnosu na veštine i tehnike majstora. Koliko vredni i divni će biti dragulji u Novom Jerusalimu budući da ih je dodirivao i klesao Sam Bog?

Ne postoji pohlepa ili želja za lepim i dobrim stvarima na nebu. Na zemlji ljudi su skloni da vole nakit zbog njegove raskoši i isprazne slave, ali na nebu oni duhovno vole dragulje zato što znaju duhovno značenje svakog od njih i što opažaju ljubav Božju koji je pripremio i ukrasio nebo divnim draguljima.

Bog je napravio Novi Jerusalim od čistog zlata

Zašto je, onda, Bog napravio grad Novi Jerusalim od čistog zlata koje je čisto kao staklo? Kao što je ranije objašnjeno, čisto zlato duhovno stoji za veru, nadu koja je rođena verom, plodnošću, čašću i autoritetom. „Nada rođena verom" znači da možete primiti spasenje, nadu za Novi Jerusalim, odagnati svoje grehove, nastojati da posvetite sebe i radujete se nagradama sa nadom zato što imate veru.

Zato, Bog je napravio ovaj grad od čistog zlata da bi oni koji sa strasnom nadom uđu u njega zauvek bili ispunjeni zahvalnošću i srećom.

Otkrovenje Jovanovo 21:18 nam kaže da je Novi Jerusalim „kao čisto staklo." To je da bi izrazilo koliko je prizor Novog Jerusalima čist i lep. Zlato na nebu je je čisto i neokaljano kao staklo, a ne kao neprovidno zlato na ovoj zemlji.

Novi Jerusalim je čist i lep, i bez ikakve mrlje zato što je napravljen od čistog zlata. Zato je apostol Pavle napomenuo da je grad kao *„čisto zlato, kao čisto staklo."*

Pokušajte da zamislite grad Novi Jerusalim napravljen od čistog, finog zlata i mnogo vrsta divnog dragog kamenja raznih boja.

Nakon prihvatanja Gospoda, ja sam smatrao zlato ili drago kamenje običnim kamenjem i nikad nisam želeo da ih posedujem. Ja sam bio pun nade za nebo i nisam voleo stvari ovoga sveta. Ipak, kada sam se molio da saznam o nebu, Gospod mi je rekao: *„Na nebu sve je napravljeno od predivnog dragog kamenja i zlata; ti treba ovo da voliš."* On nije mislio da ja treba da počnem da skupljam zlato i drago kamenje. Umesto toga, trebalo je da shvatim Božje proviđenje i duhovni značaj dragulja i volim ih onako kako je Bog video da se to uklapa.

Ja vas podstičem da *duhovno volite* zlato i drago kamenje. Kada vidite zlato, vi možete da pomislite: „Ja treba da imam veru kao čisto zlato." Kad vidite drugo različito drago kamenje, vi možete da se nadate nebu, govoreći: „Koliko lepa će biti moja kuća na nebu?"

Ja se molim u ime Gospoda Isusa Hrista da vi posedujete nebesku kuću napravljenu od nepromenljivog zlata i veličanstvenih dragulja postizanjem vere kao čisto zlato i trčanjem prema nebu.

Poglavlje 5

Značaj dvanaest temelja

1. Jaspis: Duhovna vera
2. Safir: Čestitost i celovitost
3. Kalcedon: Nevinost i požrtvovana ljubav
4. Smaragd: Pravednost i čistota
5. Sardoniks: Duhovna vernost
6. Sard: Strastvena ljubav
7. Hrizolit: Milost
8. Beril: Strpljenje
9. Topaz: Duhovna dobrota
10. Hrizopras: Samokontrola
11. Cirkon: Čistota i svetost
12. Ametist: Lepota i nežnost

„I temelji zidova gradskih behu ukrašeni svakim dragim kamenjem. Prvi temelj beše jaspis, drugi safir, treći halkidon, četvrti smaragd; peti sardoniks, šesti sard, sedmi hrizolit, osmi viril, deveti topaz, deseti hrizopras, jedanaesti jakint, dvanaesti ametist. "

- Otkrivenje Jovanovo 21:19-20 -

Apostol Jovan je detaljno pisao o dvanaest temelja. Zašto je Jovan napravio tako temeljan izveštaj o Novom Jerusalimu? Bog želi da Njegova deca poseduju večni život i iskrenu veru tako što će znati o duhovnom značaju dvanaest temelja Novog Jerusalima.

Zašto je, onda, Bog napravio dvanaest temelja sa dvanaest dragocenih kamenova? Kombinacija dvanaest dragocenih kamenova predstavlja srce Isusa Hrista i Boga, vrhunac ljubavi. Ipak, ako razumete duhovni značaj svakog od dvanaest dragocenih kamenova, moći ćete da lako razaznate koliko vaše srce liči srcu Isusa Hrista, i koliko ste kvalifikovani da uđete u Novi Jerusalim.

Dozvolite nam da sada ispitamo dvanaest dragocenih kamenova i njihov duhovni značaj.

1. Jaspis: Duhovna vera

Jaspis, prvi temelj zidova Novog Jerusalima, označava duhovnu veru. Vera generalno može biti podeljena na „duhovnu veru" i „telesnu veru." Dok je telesna vera ona vera koja je ispunjena samo znanjem, duhovna vera je vera praćena delom koje dolazi iz dubina srca pojedinca. Ono što Bog želi nije telesna, već duhovna vera. Ako nemate duhovnu veru, vaša „vera" ne može biti praćena delom, i vi ne možete ni da udovoljite Bogu, ni da uđete u Novi Jerusalim.

Duhovna vera je osnova hrišćanskog života

„Duhovna vera" se odnosi na vrstu vere sa kojom čovek može da veruje celoj Reči Božjoj duboko u svom srcu. Ako imate ovu vrstu vere koja je praćena delima, vi ćete pokušati da budete posvećeni i trčaćete ka Novom Jerusalimu. Duhovna vera je najvažniji elemenat u vođenju hrišćanskog života. Bez vere, vi ne možete biti spašeni, ne možete primiti odgovore na vaše molitve, ili imati nadu za nebo.

Poslanica Jevrejima 11:6 nas podseća: *„A bez vere nije moguće ugoditi Bogu; jer onaj koji hoće da dođe k Bogu, valja da veruje da ima Bog i da plaća onima koji Ga traže."* Ako imate iskrenu veru, vi ćete verovati u Boga koji vas nagrađuje, i onda možete biti verni, možete da se borite protiv grehova, da ih odbacite i da hodate uskim putem. I vi ćete moći da usrdno činite dobro i uđete u Novi Jerusalim prateći Svetog Duha.

Dakle, vera je osnova hrišćanskog života. Baš kao što i zgrada ne može biti sigurna bez čvrstog temelja, vi ne možete da vodite dosledan hrišćanski život bez čvrste vere. Zato nas Judina Poslanica 1:20-21 podstrekava: *„A vi, ljubazni, naziđujte se svojom svetom verom, i molite se Bogu Duhom Svetim, i sami sebe držite u ljubavi Božjoj, čekajući milost Gospoda našeg Isusa Hrista za život večni."*

Avram, otac vere

Najbolja Biblijska ličnost u nepromenljivom verovanju Reči Božjoj i potpunom pokazivanju dela povinovanja je Avram. On je bio nazvan „Ocem vere" zato što je nepromenljivo pokazao savršena dela vere.

On je dobio reč velikog blagoslova od Boga kada je imao 75 godina. To je bilo obećanje da će Bog napraviti veliki narod kroz Avrama, a Avram će biti izvor blagoslova. On je verovao u ovu reč i ostavio je svoj rodni grad, ali više od 20 godina nije mogao da ima sina koji će postati nasljednik.

Toliko mnogo je vremena prošlo da su oboje Avram i njegova supruga Sara postali suviše stari da bi imali dete. Čak i u ovakvoj situaciji, Poslanica Rimljanima 4:19-20 govori: „On se ne pokoleba u neverovanju." On je ojačao u veri, i verovao je potpuno u Božje obećanje; tako da je dobio svog sina Isaka u 100-toj godini.

Ali bila je još jedna prilika gde je Avramova vera rasipala svoju svetlost čak i još blistavije. To je bilo kada je Bog zapovedio Avramu da ponudi svog jedinog sina Isaka, kao žrtvu. Avram nije sumnjao u Reč Božju govoreći da da će mu Bog dati nebrojane potomke kroz Isaka. Zato što je imao čvrstu veru u Reč Božju, on je mislio da će Bog oživeti Isaka, čak iako ga ponudi kao ognjenu žrtvu.

Zbog toga se on odmah povinovao Reči Božjoj. Kroz ovo, Avram je bio više nego kvalifikovan da postane otac vere. Takođe, kroz Avramove potomke, formiran je narod Izraela. To znači da se plod njegove vere obilno otelotvorio.

Pošto je verovao Bogu i Njegovoj Reči, on se povinovao kako mu je bilo rečeno. Ovo je primer duhovne vere.

Apostol Petar je primio ključeve nebeskog kraljevstva

Uzmimo u obzir jednog pojedinca koji je imao ovakvu

duhovnu veru. Kakvu veru je apostol Petar imao, da je njegovo ime zapisano na jednom od temelja Novog Jerusalima? Čak i pre nego što je pozvan kao učenik, mi znamo da se Petar povinovao Isusu; na primer, kada mu je Isus rekao da ispusti mrežu za hvatanje ribe, on je to odmah učinio (Jevanđelje po Luki 5:3-6). Takođe, kada mu je Isus rekao da dovede magaricu i njeno mladunče, on se odmah povinovao sa verom (Jevanđelje po Mateju 21:1-7). Petar se povinovao kada mu je Isus rekao da ode na jezero, uhvati ribu, i uzme novčić iz nje (Jevanđelje po Mateju 17:27). Šta više, on je hodao po vodi kao Isus, iako je to bilo samo na momenat. Možemo da imamo predstavu da je Petar imao ogromnu veru.

Kao rezultat, Isus je smatrao Petrovu veru pravednom i dao mu je ključeve nebeskog kraljevstva tako da sve što je garantovao na zemlji bude garantovano i na nebu, a sve što je oslobodio na zemlji da bude oslobođeno i na nebu (Jevanđelje po Mateju 16:9). Petar je stekao još savršeniju veru pošto je primio Svetog Duha, smelo je svedočio Isusu Hristu, i žrtvovao se za kraljevstvo Božje do kraja svog života sve dok nije postao mučenik.

Mi bi trebalo da napredujemo ka nebu na način na koji je Petar činio, da slavimo Boga, i da posedujemo Novi Jerusalim sa verom koja udovoljava Njemu.

2. Safir: Čestitost i celovitost

Safir, drugi temelj zidova Novog Jerusalima, odaje providnu, tamnu, plavu boju. Šta, onda, duhovno znači safir? On stoji za ispravnost i neporočnost same istine, koja stoji čvrsto protiv svih iskušenja ili pretnji ovog sveta. Safir je kamen koji stoji za svetlost istine koja nastavlja da bez promena ide pravo, i za „pravedno srce" koje celu Božju volju smatra ispravnom.

Danilo i njegova tri prijatelja

Pravi primer duhovne ispravnosti i ne poročnosti u Bibliji se nalazi kod Danila i njegova tri prijatelja—Sedraha, Misaha i Avdenaga. Danilo nije pravio nagodbe ni sa čim što nije bilo u skladu sa Božjom pravednošću, čak iako je to bilo naređenje njegovog kralja. Danilo se čvrsto pridržavao svoje ispravnosti pred Bogom sve dok nije bio bačen u lavlji kavez. Bog je bio tako zadovoljan neporočnošću Danilove vere da je On zaštitio Danila tako što je poslao Svog anđela da zatvori usta lavovima, i dozvolio mu da mnogo slavi Boga.

U Danilu 3:16-18 čitamo da su Danilova tri prijatelja svojim ispravnim srcima takođe bili privrženi veri sve dok nisu bili bačeni u plamenu peć. Kako ne bi učinili greh obožavanja idola, oni su smelo priznali sljedeće pred kraljem:

> *O Navuhodonosoru, nije nam potrebno da ti odgovorimo na to. Evo, Bog naš, kome mi služimo, može nas izbaviti iz peći ognjene užarene; i izbaviće nas iz tvojih ruku care. A i da ne bi, znaj, care, da bogovima tvojim nećemo služiti niti ćemo se pokloniti zlatnom liku, koji si postavio.*

Na kraju, čak iako su bili stavljeni u vatrenu peć koja je bila sedam puta vrelija nego obično, Danilova tri prijatelja nisu bili ni malo opečeni zato što je Bog bio sa njima. Koliko neverovatno je bilo to da čak ni jedna dlaka sa njihove glave nije bila oprljena, niti je bilo imalo mirisa vatre na njima! Kralj koji je bio svedok svemu ovome, slavio je Boga, i unapredio je Danilova tri prijatelja.

Treba da tražimo sa verom, bez ikakve sumnje

Jevanđelje po Jakovu 1:6-8 nam govori koliko mnogo Bog mrzi neiskrena srca:

> *Ali neka ište s verom, ne sumnjajući ništa; jer koji se sumnja on je kao morski valovi, koje vetrovi podižu i razmeću. Jer takav čovek neka ne misli da će primiti šta od Boga, koji dvoumi nepostojan je u svima putevima svojim.*

Ako nemamo iskrena srca i sumnjamo u Boga čak i malo, onda smo mi dvolični. Oni koji sumnjaju su skloni tome da mogu biti uzdrmani ovozemaljskim iskušenjima zato što su nepažljivi i podmukli. Šta više, oni koji su „dvolični" ne mogu da vide Božju slavu zato što oni ne mogu ili da pokažu svoju veru ili da se povinuju. Zbog toga nas podsećaju u Poslanici Jakovljevoj 1:7: *„jer takav čovek neka ne misli da će primiti šta od Gospoda."*

Odmah nakon osnivanja moje crkve, moje tri kćeri skoro da su umrle od trovanja ugljen monoksidom. Ipak, ja se nisam brinuo nimalo i čak nisam ni pomislio da ih vodim u bolnicu zato što sam potpuno verovao u svemogućeg Boga. Jednostavno sam stao za oltar i kleknuo sam da bih se molio u zahvalnosti. Nakon toga, molio sam se u veri: „Naređujem ti u ime Isusa Hrista! Otrovni gas, odlazi!" Onda su moje ćerke, koje su bile bez svesti, odmah ustale jedna za drugom kao što sam se ponaosob za svaku od njih molio. Jedan broj crkvenih članova koji su bili svedoci ovoga su bili vrlo zapanjeni i radosni, i veoma su slavili Boga.

Ako imamo veru koja nikada ne pravi kompromis sa ovom svetom i iskrena srca koja udovoljavaju Bogu, možemo da bezgranično slavimo Njega i vodimo blagoslovene živote u Hristu.

3. Kalcedon: Nevinost i požrtvovana ljubav

Kalcedon, treći temelj zidova Novog Jerusalima, duhovno simbolizuje nevinost i požrtvovanu ljubav.

Nevinost je stanje čistote i neukaljanosti u delu i srcu bez grešaka. Kada je čovek sposoban da se žrtvuje sa ovom čistotom srca, to je duhovno srce sadržano u kalcedonu.

Požrtvovana ljubav je vrsta ljubavi koja nikada ništa ne traži zauzvrat ako je to za pravednost i za kraljevstvo Božje. Ako čovek ima požrtvovanu ljubav, on će biti zadovoljan samo činjenicom da voli druge u bilo kojim situacijama i neće tražiti ništa zauzvrat. Ovo je zato što požrtvovana ljubav ne teži nečijoj ličnoj koristi, već samo dobrobiti drugih.

Kod telesne ljubavi, međutim, čovek će se osećati prazno, tužno i slomljenog srca ako mu ljubav nije uzvraćena zato što je ova vrsta ljubavi u suštini sebična. Zato, čovek sa telesnom ljubavi bez požrtvovanog srca može na kraju da mrzi druge ili da postane neprijatelj sa onima sa kojima je bio blizak.

Zato treba da shvatimo da je iskrena ljubav ljubav prema Gospodu koji je voleo celo čovečanstvo i postao žrtva za iskupljenje.

Požrtvovana ljubav koja ništa ne traži za uzvrat

Naš Gospod Isus, pošto je po samoj suštini Bog, napravio je Sebe u ništa, unizio je Sebe i došao na ovu zemlju u telu da spasi celo čovečanstvo. On je rođen u štali i položen je u jasle da spasi ljude koji su kao životinje, i živio je siromašno celog života da nas spasi siromaštva. Isus je lečio bolesne, jačao slabe, dao nadu za beznadežnima, i bio prijatelj zanemarenima. On je nama pokazao samo dobrotu i ljubav, ali su Ga zbog toga, sa krunom od trnja na Njegovoj glavi, ismevali, šibali i na kraju razapeli, oni zli koji nisu razumeli da je On došao kao naš Spasitelj.

Isus, čak i dok je patio od bola zbog razapeća, molio se u ljubavi Bogu Ocu za one koji su Ga ismevali i razapeli. On je bio nevin i besprekoran, ali žrtvovao je Sebe za ljudska bića koji su grešnici. Naš Gospod je dao ovu požrtvovanu ljubav celom čovečanstvu i želi da se svi međusobno vole. Otuda, mi, koji smo primili ovu vrstu ljubavi od Gospoda, ne treba da želimo niti da očekujemo ništa zauzvrat ako zaista volimo druge.

Rut koja je pokazala požrtvovanu ljubav

Rut nije bila Izraelka, već žena Moabita. Ona se udala za Naomijinog sina, koja je došla u zemlju Moab da bi pobegla od gladi u Izraelu. Naomi je imala dva sina, i obojica su bili oženjeni ženama Moabita. Ali oba njena sina su tamo umrla.

Pod ovim uslovima, kada je Naomi čula da je glad u Izraelu završena, ona je željela da se vrati u Izrael. Naomi je predložila njenim snajama da bi trebale da ostanu u Moabu, njihovoj rodnoj zemlji. Jedna od njih je prvo odbila, ali konačno se posle vratila svojim roditeljima. Ali Rut je insistirala da prati svoju svekrvu.

Da Rut nije imala požrtvovanu ljubav, ona to ne bi mogla da učini. Rut je morala da pomaže svojoj svekrvi zato što je bila veoma stara. Šta više, ona je nameravala da živi u zemlji koja joj je totalno bila strana. Za nju nije bilo nagrade, iako je veoma dobro služila svoju svekrvu.

Rut je pokazala požrtvovanu ljubav prema svojoj svekrvi sa kojom nije imala nikakvo krvno srodstvo i koja joj je stoga bila kao potpuni stranac. To je bilo tako zato što je Rut verovala u Boga u koga je i njena svekrva verovala. To znači da Rutina požrtvovana ljubav nije došla samo od osećanja odgovornosti. To je bila duhovna ljubav koja je proizišla iz vere u Boga.

Rut je došla u Izrael sa svekrvom i radila je veoma naporno. Danju je sakupljala na poljima da bi nakupila hranu i služila svoju svekrvu sa tim. Naravno da je tamo ovo istinsko delo dobrote postalo dobro poznato ljudima. Konačno, Rut je dobila mnogo blagoslova kroz Boaza, koji je bio rođak-iskupitelj među rođacima njene svekrve.

Mnogi ljudi misle da će, ako se pokore i žrtvuju se, i njihova vrednost opasti. Zbog toga oni ne mogu da žrtvuju sebe ili da se pokore. Ali oni koji se sa čistim srcem žrtvuju bez sebičnih razloga, biće otkriveni pred Bogom i ljudima. Dobrota i ljubav će sijati za druge kao duhovna svetla. Bog upoređuje svetlo ove požrtvovane ljubavi sa svetlom kalcedona, trećim kamenom temeljcem.

4. Smaragd: Pravednost i čistota

Smaragd, četvrti temelj zidova Novog Jerusalima, je zelen i simbolizuje lepotu i nežno zelenilo prirode. Smaragd duhovno simbolizuje pravednost i čistotu i stoji za plod svetlosti kao što je zapisano u Poslanici Efežanima 5:9: „*Jer je rod duhovni u svakoj dobroti i pravdi i istini.*" Boja koja ima harmoniju „sve dobrote i pravednosti i istine" je ista kao i duhovna svetlost smaragda. Samo kada imamo svu dobrotu, pravednost i istinu mi možemo da imamo iskrenu pravednost u Božjim očima.

Ne može da postoji samo dobrota bez pravednosti ili samo pravednost bez dobrote. A dobrota i pravednost moraju biti iskreni. Istina je nešto što se nikada ne menja. Zato, čak iako imamo dobrotu i pravednost, to je beznačajno bez iskrenosti.

„Pravednost" koju Bog priznaje je odbacivanje grehova, potpuno izvršavanje zapovesti iz Biblije, čišćenje sebe od svih vrsta nepravednih stvari, biti odan celim svojim životom, i tome slično. Takođe, težiti za Božjim kraljevstvom i pravednošću po Božjoj volji, ispravna i disciplinovana dela, ne skretati od pravde, stajati čvrsto u pravednosti, i sve ostalo pripada „pravednosti" koju Bog priznaje.

Bez obzira koliko smo blagi ili dobri, mi nećemo da uberemo plodove svetlosti ako nismo pravedni. Pretpostavimo da neko uhvati vašega oca za gušu i vređa ga mada je nevin. Ako ćutite i gledate kako vaš otac pati, to ne možemo nazvati stvarnom pravednošću; za vas se ne može reći da izvršavate vašu dužnost kao sin prema ocu.

Zato, dobrota bez pravednosti nije duhovna „dobrota" u Božjim očima. Kako podmukao i neodlučan um može biti dobar? I obrnuto, ni pravednost bez dobrote ne može biti „pravednost" u Božjim očima već samo u nečijem ličnom pogledu.

Davidova pravednost i čistota

David je bio drugi kralj Izraela, odmah posle Saula. Kada je Saul bio kralj, Izrael se borio protiv Filistinaca. David je udovoljio Bogu svojom verom i pobedio je Golijata. Kroz ovo, Izrael je odneo pobedu.

I kada su ljudi voljeli Davida posle ovoga, Saul je iz ljubomore pokušavao da ubije Davida. Saul je već bio odbačen od Boga zbog svoje arogancije i nepokornosti. Bog je obećao da će postaviti Davida za kralja umesto Saula.

U ovoj situaciji, David se sa dobrotom ophodio prema Saulu, pravedno i iskreno. Pošto je bio nevin, David je stalno morao da beži od Saula koji je duže vreme pokušavao da ga ubije. Jedan put, David je imao dobru priliku da ubije Saula. Ratnici koji su bili sa Davidom bili su srećni i želeli su da ubiju Saula, ali David ih je sprečio da ga ubiju.

1. Knjiga Samuelova 24:6 kaže: *„I reče [David] svojim ljudima: 'Ne dao Bog da to učinim gospodaru svom, pomazaniku Gospodnjem, da podignem ruku svoju na nj. Jer je pomazanik Gospodnji.'"*

Čak iako je Saul bio odbačen od Boga, David nije mogao da povredi Saula, koji je bio pomazan od Boga kao kralj. Pošto je to bila Božja vlast da Saul živi ili umre, David nije išao van svojih moći. Bog kaže da je ovo srce Davidovo pravedno.

Njegova pravednost je bila otkrivena zajedno sa dirljivom dobrotom. Saul je pokušao da ga ubije, ali David je poštedeo Saulov život. Ovo je tako velika dobrota. On nije uzvratio zlom za zlo, već je samo vratio dobrim rečima i delima. Ova dobrota i pravednost je bila iskrena, što znači da dolazi iz same istine.

Kada je Saul saznao da mu je David poštedeo život, on je bio dirnut tom dobrotom i činilo se da se njegovo srce promenilo. Ali uskoro je opet promenio mišljenje, i ponovo je pokušao da ubije Davida. David je još jednom imao šansu da ubije Saula, ali kao i ranije ostavio je Saula da živi. David je bez menjanja pokazao dobrotu i pravednost koju Bog cenio.

Onda, da je David ubio Saula u prvoj prilici, da li je mogao da postane kralj ranije bez da prođe kroz toliko mnogo patnje? Naravno da je mogao. Čak iako moramo da prođemo kroz mnoge teškoće i iskušenja u stvarnosti, mi treba da imamo srce da izaberemo pravednost Božju. I, ako nas Bog jednom prizna kao pravedne, biće drukčiji nivo kojim nas Bog obezbeđuje.

David nije ubio Saula sopstvenom rukom. Saul je bio ubijen od ruku nejevreja. I kako mu je Bog potvrdio, David je postao kralj Izraela. Šta više, nakon što je David postao kralj, on je mogao da stvori veoma jak narod. Najosnovniji razlog za to je što je Bog bio veoma zadovoljan pravednim i čistim srcem Davidovim.

Na isti način, mi moramo da budemo harmonični i savršeni u dobroti, pravednosti i istini kako bi mogli da beremo plodove svetlosti u izobilju- ploč smaragda, četvrtog temelja, i odajemo miomiris pravednosti koji udovoljava Bogu.

5. Sardoniks: Duhovna vernost

Sardoniks, peti temelj zidova Novog Jerusalima, duhovno simbolizuje odanost. Ako radimo samo ono što bi trebali da radimo, mi ne možemo da kažemo da smo odani. Možemo da kažemo da smo odani kada učinimo više od onoga što bi trebalo da uradimo. Da činimo više od onoga što nam je dato kao zadatak, mi ne možemo biti lenji. Mi moramo da budemo marljivi i vredni u svim stvarima u obavljanju naših zadataka i onda moramo da učinimo i više od toga.

Recimo da ste zaposleni. Onda, ako samo radite dobro vaš posao, možemo li da kažemo da ste odani? Vi ste samo uradili ono što je trebalo da radite, tako da ne možemo da kažemo da ste vredni i odani. Vi trebate da izvršite ne samo vama povereni posao, već i da pokušate da svim srcem i mislima uradite stvari koje vam nisu prvobitno namenjene. Samo tada neko može reći da ste odani.

Vrsta marljive odanosti koju priznaje Bog je da izvršite svoju dužnost svim srcem, mislima, dušom i životom. A ova vrsta odanosti mora da se ostvari u svim područjima: crkvi, radnom mestu i porodici. Onda kažemo da ste odani u celoj Božjoj kući.

Biti duhovno odan

Da bi imali duhovnu odanost, mi prvo treba da imamo pravedno srce. Mi bi trebali da žudimo da kraljevstvo Božje bude uvećano, da se crkva preporodi i da raste, da radno mesto bude uspešno i da naše porodice budu srećne. Ako ne težimo samo za našim potrebama, već želimo da drugi i da zajednica postanu uspešni, ovo znači da imamo pravedno srce.

Da bi bili odani, i uz to da posedujemo ovakvo ispravno srce, mi bi trebalo da imamo i požrtvovano srce. Ako samo mislimo: „Najvažnija stvar je moje napredovanje, a ne da li raste crkva ili ne," mi verovatno nećemo da se žrtvujemo za crkvu. Mi ne možemo da pronađemo odanost kod ovakve osobe. Takođe, Bog ne može da kaže da je ovakvo srce pravedno.

Uz ovu pravednost, ako imamo i požrtvovano srce, mi ćemo odano raditi na spasenju duša i crkve. Čak iako nemamo posebnu dužnost, mi ćemo revnosno propovedati jevanđelje. Čak iako niko ne traži od nas da to uradimo, mi ćemo brinuti o drugim dušama. Mi ćemo takođe žrtvovati naše slobodno vreme za zbrinjavanje duša. Mi ćemo takođe potrošiti naš sopstveni novac za korist drugih duša i dati im svu našu ljubav i odanost.

Kako bi bili odani u svim aspektima, mi bi trebalo takođe da imamo dobrotu u srcima. Oni koji su dobrog srca neće se priklanjati samo jednoj ili drugoj strani. Ako smo zanemarili određenu stavku, mi se nećemo osećati lagodno u vezi sa tim, ako imamo dobrotu u srcu.

Ako imate dobrotu u srcu, vi ćete biti odani u svim dužnostima koje imate. Nećete zanemariti drugu grupu misleći: „Pošto sam ja vođa ove grupe, članovi one druge grupe će razumeti zašto ja ne mogu da prisustvujem tom okupljanju." Unutar svoje dobrote možete osetiti da ne trebate da zanemarite drugu grupu. Tako da, čak iako ne možete biti prisutni tom okupljanju, vi ćete uraditi nešto i brinuti se za i drugu grupu.

Značaj ovakvog stava će varirati zavisno od značaja dobrote koju imate. Ako imate malo dobrote, vi nećete baš brinuti za drugu grupu. Ali ako imate veću dobrotu, nećete samo ignorisati neke događaje koji uznemiravaju vaše srce. Vi znate koja dela su dela dobrote, i ako ne ispunjavate tu dobrotu, biće vam teško da je održite. Vi ćete imati mir samo ako činite dela dobrote.

Oni koji su dobri u srcu uskoro će biti uznemireni u srcu ako ne rade ono što bi trebali da rade u određenim okolnostima, bilo da je to na radnom mestu ili kod kuće. Oni čak i ne daju izvinjenja da situacija to nije dozvolila.

Na primer, recimo da postoji žena članica koja ima mnogo titula u crkvi. Ona provodi mnogo vremena u crkvi. Onda, relativno govoreći, ona provodi manje vremena sa suprugom i decom nego što je to ranije činila.

Ako je ona zaista dobra u srcu i odana u svim aspektima, pošto se period vremena umanjio, ona mora da svom suprugu i deci pruži mnogo više ljubavi i pažnje. Ona mora da da sve od sebe u svim aspektima i u svim vrstama poslova.

Onda će ljudi iz njene okoline moći da osete iskreni miris

njenog srca i biće zadovoljni. Pošto osećaju dobrotu i iskrenu ljubav, oni će pokušati da je razumeju i da joj pomognu. Kao rezultat, ona će imati sa svakim mir. Ovo je biti odan dobrog srca u celoj Božjoj kući.

Kao Mojsije koji je bio veran u celoj Božjoj kući

Mojsije je bio prorok kojeg je Bog toliko cenio da je razgovarao sa njim licem u lice. Mojsije je potpuno izvršavao sve svoje dužnosti da ispuni dela koja mu je Bog zapovedio, ne misleći mnogo na sopstvene teškoće. Ljudi Izraela su se stalno žalili i bili su neposlušni kada bi se suočili sa malim teškoćama čak iako su bili svedoci i iskusili su čuda i znakove Božje, ali Mojsije ih je neprestano vodio u veri i ljubavi. Čak i kada je Bog bio ljut na narod Izraela zbog njihovih grehova, Mojsije ih nije napustio. On se okrenuo ka GOSPODU, i rekao mu je kao što sledi:

> *Molim Ti se; narod ovaj ljuto sagreši načinivši sebi bogove od zlata. Ali oprosti im greh: Ako li nećeš, izbriši me iz knjige Svoje, koju si Ti napisao!* (Izlazak 32:31-32)

On je postio u ime ljudi, rizikujući svoj život, i bio je odan više nego što je Bog očekivao. Zbog toga je Bog priznao i štitio Mojsija, govoreći mu: *„On je veran u svem domu Mom"* (Brojevi 12:7).

Štaviše, odanost koju sardoniks simbolizuje je biti veran čak i do same smrti, kao što opisuje Otkrivenje Jovanovo 2:10. To je moguće samo kada prvo volimo Boga. To znači dati sav naš novac i vreme, i čak život, i raditi čak i više nego što bi trebalo da radimo svim našim srcem i mislima.

U starim vremenima, bilo je odanih slugu koji su pomagali kralju i bili odani svojoj naciji, čak i do tačke žrtvovanja svojih sopstvenih života. Ako bi kralj bio tiranin, stvarno odani sluge bi savetovali kralja da ide pravim putem, čak iako je to lako moglo da dovede do žrtvovanja njihovog života. Oni su mogli biti proterani ili čak ubijeni, ali su bili odani zato što su voljeli kralja i narod čak iako je ta ljubav iziskivala njihov život.

Mi moramo da volimo prvo Boga da bi učinili više nego što je traženo od nas, na način na koji su te odane sluge davale svoj život za narod, i na način na koji je Mojsije bio odan u celoj Božjoj kući da bi postigao kraljevstvo Božje i pravednost. Otuda, mi treba da se brzo očistimo od grehova i da budemo odani u svim aspektima naših života kako bi bili kvalifikovani da uđemo u Novi Jerusalim.

6. Sard: Strastvena ljubav

Sard ima previdnu, tamno crvenu boju i simbolizuje plameno sunce. To je šesti temelj zidova Novog Jerusalima i duhovno simbolizuje strast, entuzijazam i strastvenu ljubav u ispunjavanju Božjeg kraljevstva i pravednosti. To je srce da odano izvršavamo date zadatke i dužnosti svom svojom snagom.

Različiti nivoi strastvene ljubavi

Ima mnogo vrsta nivoa ljubavi i uopšteno, može biti

podeljena na duhovnu ljubav i telesnu ljubav. Duhovna ljubav se nikada ne menja zato što je data od Boga, ali telesna ljubav se lako menja uglavnom zato što je sebična.

Bez obzira koliko iskrena ljubav svetovnog čoveka može da bude, ona nikada ne može biti duhovna ljubav, što je ljubav Gospodnja koja jedino može biti stečena u istini. Mi ne možemo da imamo duhovnu ljubav odmah kako prihvatimo Gospoda i doznamo istinu. Možemo da je steknemo samo kada dostignemo srce Gospodnje.

Da li vi imate ovu duhovnu ljubav? Možete da se preispitate uz definiciju duhovne ljubavi pronađenu u 1. Poslanici Korinćanima 13:4-7.

> *Ljubav dugo trpi, milokrvna je; ljubav ne zavidi; ljubav se ne veliča, ne nadima se; ne čini šta ne valja, ne traži svoje, ne srdi se, ne misli o zlu, ne raduje se nepravdi, a raduje se istini; sve snosi, sve veruje, svemu se nada, sve trpi.*

Na primer, ako smo strpljivi ali sebični, ili ne se ljutimo lako ali smo grubi, mi još nemamo duhovnu ljubav o kojoj apostol Pavle piše; nama ne sme da promakne ni najmanja stvar da bi imali duhovnu ljubav.

Sa jedne strane, ako još imate osećaj samoće ili odbačenosti mada mislite da imate duhovnu ljubav, to je zato što ste očekivali nešto zauzvrat čak iako niste toga svesni. Vaše srce još nije potpuno ispunjeno istinom duhovne ljubavi.

Sa druge strane, ako ste ispunjeni duhovnom ljubavlju, vi se nikada nećete osećati usamljeno ili prazno, već ćete uvek biti mili, srećni, i zahvalni. Duhovna ljubav raduje se davanju; što više date, to će vam biti milije, bićete zahvalniji i srećniji.

Duhovna ljubav se raduje u davanju sebe

Poslanica Rimljanima 5:8 kaže: „*Ali Bog pokazuje svoju ljubav k nama što Hristos još kad bejasmo grešnici umre za nas.*"

Bog voli Isusa, Svog jednog i jedinog Sina, toliko mnogo zato što je Isus sama istina koja tačno liči na Samog Boga. I pored toga, On ipak daje Svog jednog i jedinog Sina kao žrtvu iskupljenja. Koliko je velika i dragocena ljubav Božja!

Bog je demonstrirao Njegovu ljubav za nas žrtvujući Svog jednog i jedinog Sina. Zbog toga čitamo u 1. Poslanici Jovanovoj 4:16: „*I mi poznasmo i verovasmo ljubav koju Bog ima k nama. Bog je ljubav, i koji stoji u ljubavi, u Bogu stoji i Bog u njemu stoji.*"

Kako bi ušli u Novi Jerusalim, mi moramo da imamo Božju ljubav sa kojom možemo da žrtvujemo sebe, i koja se raduje u davanju kako bi mogli da izvedemo dokaz koji svedoči o našem životu u Bogu.

Strastvena ljubav apostola Pavla za duše

Prava biblijska ličnost koja ima ovakvo, kao sard strastveno srce u samo-žrtvovanju za kraljevstvo Božje je apostol Pavle. Od vremena kada je sreo Gospoda sve do momenta svoje smrti, njegova dela ljubavi prema Gospodu nikada se nisu promenile. Kao apostol nejevreja, on je spasio mnogo duša i osnovao mnogo crkava kroz tri misionarska putovanja. Sve dok nije postao mučenik u Rimu, on je neprestano svedočio o Isusu Hristu.

Kao apostolu nejevreja, Pavlov put je bio vrlo težak i opasan. On je imao mnoge, po život opasne situacije i Jevreji su ga stalno progonili. Prebijali su ga i zatvarali, i tri puta je doživio brodolom. Hodao je neispavan, često je bio gladan i žedan i trpeo je i hladnoću i vrućinu. Tokom njegovih misonarskih putovanja, uvek je bilo mnogo situacija koje čovek teško može da podnese.

Ipak, Pavle nikada nije zažalio zbog svog izbora. On nikada nije imao trenutna razmišljanja kao: „To je teško i želim da se odmorim samo malo..." Njegovo srce se nikada nije kolebalo, i nikada se ničega nije plašio. Iako je prolazio kroz mnogo nevolja, njegova glavna briga je jedino bila crkva i vernici.

To je kao što je priznao u 2. Poslanici Korinćanima 11:28-29: *„Osim što je spolja (što je uvek bio izložen vanjskim uslovima), navaljivanje ljudi svaki dan, i briga za sve crkve. Ko oslabi, i ja da ne oslabim? Ko se sablazni, i ja da se ne raspalim?"*

Sve dok konačno nije predao i svoj sopstveni život, Pavle je pokazivao strast i revnost dok se trudio da spašava duše. Možemo da vidimo koliko strastvena je bila njegova želja za spasenjem duša u Poslanici Rimljanima 9:3, gde čitamo: *„Jer bih želeo da ja sam budem odlučen od Hrista za braću svoju koja su mi rod po telu."*

Ovde: „moja braća" nije samo njegovo krvno srodstvo. To se odnosilo na sve Izraelce, uključujući Jevreje koji su ga progonili. On je rekao da bi mogao da odabere i pakao samo da bi oni primili spasenje. Možemo da vidimo koliko je velika bila njegova strastvena ljubav prema dušama i kako je velika njegova revnost bila za njihovim spasenjem.

Ova strastvena ljubav za Gospoda, revnost i nastojanje za spasenje drugih duša su predstavljeni crvenom bojom sarda.

7. Hrizolit: Milost

Hrizolit, sedmi temelj zidova Novog Jerusalima, je providni ili polu providni kamen koji daje žutu, zelenu, plavu i roze boju ili nekada se čini potpuno providnim.

Šta duhovno hrizolit simbolizuje? Duhovno značenje milosti je razumeti u istini nekoga koga niko ne može razumeti ni malo, i oprostiti u istini osobi kojoj uopšte ne može biti oprošteno. Razumeti i oprostiti „u istini" je razumeti i oprostiti sa ljubavlju u dobroti. Milost, sa kojom možemo druge zagrliti sa ljubavlju, je milost koju simbolizuje hrizolit.

Oni koji imaju ovu milost nemaju nikakvih predrasuda. Oni ne misle: „Ja njega ne volim zbog ovoga. Nju ne volim zbog toga." Oni nemaju averziju prema nekome i ne mrze nekoga. Naravno, oni ne gaje nikakvu mržnju.

Oni samo pokušavaju da posmatraju i razmišljaju o svemu na lep način. Oni jednostavno svakoga grle. Tako da, čak i kada se suoče sa osobom koja je počinila ozbiljan greh, oni samo pokažu svoje samilost. Oni mrze greh, ali ne grešnika. Oni ga radije razumeju i grle. Ovo je milost.

Srce milosti otkriveno kroz Isusa i Stefana

Isus je pokazao svoju milost Judi Iskariotskom koji Ga je

prodao. Isus je od početka znao da će Ga Juda Iskariotski izdati. Ipak, Isus ga nije isključio, ili ga držao na odstojanju. On nije ni imao averziju, niti ga je mrzio u Svom srcu. Isus ga je voleo sve do samog kraja i On je dao Judi šansu da se preobrati. Ovo srce je milosrdno srce.

Čak i kad je Isus bio prikovan na krstu, On se nije žalio ili mrzio nikoga. On se radije molitvom zalagao za one koji su Mu zadavali bol i povrede, kao što je zapisano u jevanđelju po Luki 23:34, gde čitamo: *„Oče! Oprosti im; jer ne znadu šta čine."*

Stefan je takođe imao ovakvu milost. Iako Stefan nije bio apostol, on je bio pun ljupkosti i moći. Zli ljudi su mu zavideli i konačno su ga kamenovali do smrti. Ali čak i dok su ga kamenovali, on se radije molio za one koji su ga ubijali. Zapisano je u Delima Apostolskim 7:60: *„Onda kleče na koljena i povika glasno: 'Gospode, ne primi im ovo za greh.' I ovo rekavši umre."*

Činjenica da se Stefan molio za one koji su ga ubijali dokazuje da je on njima već oprostio. On nije gajio nikakvu mržnju prema njima. To nam pokazuje da je on imao savršen plod milosti da saoseća sa ovim ljudima.

Ako među članovima vaše porodice, ili braći u veri, ili kolegama na poslu ima neko koga mrzite ili ga ne volite, ili ako ima neko za koga mislite: „Ne sviđa mi se njegov stav. On mi se uvek suprotstavlja, ne volim ga," ili ako ga samo ne volite i klonite se te osobe iz različitih razloga, koliko daleko je to od „milosti"?

Ne treba da imamo nekog koga ne volimo ili mrzimo. Trebalo da razumemo, prihvatimo, i pokažemo dobrotu prema svakome.

Bog Otac nam pokazuje lepotu milosti pomoću dragog kamena, hrizolita.

Milosrdno srce koje grli sve

Šta je, onda, razlika između ljubavi i milosti?

Duhovna ljubav je samopožrtvovanje bez žudnje za sopstvenim interesima ili dobiti, bez traženja ičega zauzvrat, dok milost daje veću težinu praštanju i toleranciji. Drugim rečima, milost je srce koje razume i ne mrzi čak i one koji ne mogu biti shvaćeni ili voljeni. Milost ne mrzi i ne prezire nikoga, već ohrabruje i teši druge. Ako imate ovakvo toplo srce, vi nećete ukazivati na tuđe mane i greške, već ćete ih umesto toga zagrliti kako bi imali dobre odnose sa njima.

Kako, onda, treba da reagujemo prema zlim ljudima? Moramo da shvatimo da smo nekad svi bili zli, ali smo došli Bogu zato što nas je neko drugi vodio do istine u ljubavi i praštanju.

Takođe, kada dođemo u kontakt sa lažovima, mi često zaboravljamo da smo i mi nekada lagali u potrazi za svojom koristi, pre nego što smo verovali u Boga. Umesto da izbegavamo takve ljude, mi treba da pokažemo našu milost kako bi oni mogli da se okanu od njihovih zlih puteva. Oni mogu da se promene i dođu do istine samo onda kada ih razumemo i vodimo sa tolerancijom i ljubavlju sve dok ne shvate istinu. Isto tako, milost tretira svakoga isto bez predrasuda, ne vređajući nikoga, i pokušavajući da razume sve na dobar način, sviđalo se to vama ili ne.

8. Beril: Strpljenje

Beril, osmi temelj zidova Novog Jerusalima, ima plavu ili tamno zelenu boju i podseća nas na plavo more. Šta beril duhovno simbolizuje? On simbolizuje strpljenje u svemu u ispunjavanju Božjeg kraljevstva i Njegove pravednosti. Beril znači postojanost u ljubavi, i ne uzvraćati mržnjom, svađom ili tučom čak i onima koji vas progone, kunu i mrze.

Jevanđelje po Jakovu 5:10 nas podstiče po sljedećem: *„Uzmite, braćo moja, za ugled stradanja proroke koji govoriše u ime Gospoda."* Mi možemo da promenimo druge kada smo strpljivi sa njima.

Strpljenje kao plod Svetog Duha i duhovne ljubavi

Mi možemo da pročitamo o strpljenju kao o jednom od devet plodova Svetog Duha u Poslanici Galaćanima 5, i kao o plodu ljubavi u 1. Poslanici Korinćanima 13. Ima li razlike između strpljenja kao ploda Svetog Duha i strpljenja kao ploda ljubavi?

Sa jedne strane, strpljenje u ljubavi se odnosi na strpljenje potrebno da se podnese bilo kakav lični napor, kao što je biti strpljiv sa onima koji vas vređaju ili mnoge teškoće sa kojima se susrećete u životu. Sa druge strane, strpljenje kao plod Svetog Duha se odnosi na strpljenje u istini i strpljenje pred Bogom u svemu.

Zato, strpljenje kao plod Svetog Duha ima šire značenje, uključujuću strpljenje o ličnim potrebama i potrebama koje se odnose na kraljevstvo Božje i Njegovu pravednost.

Različite vrste strpljenja u istini

Strpljenje da se ispuni kraljevstvo i pravednost Božja može da se svrsta u tri vrste.

Prvo, postoji strpljenje između Boga i nas. Mi moramo da budemo strpljivi sve dok se Božje obećanje ne ispuni. Bog Otac je odan; jednom kada je On rekao nešto, On zasigurno to i čini bez izvrtanja. Dakle, ako smo primili obećanje od Boga, mi moramo biti strpljivi sve dok ono ne bude ispunjeno.

Takođe, ako pitamo Boga nešto, mi moramo da budemo strpljivi sve dok odgovor ne dođe. Neki vernici kažu sledeće: „Ja se molim celu noć, čak i postim, a ipak nema odgovora." Ovo je baš kao kad seljak pose seme i ubrzo prekopa zemlju zato što nema odmah ploda. Ako smo posijali seme, mi moramo da budemo strpljivi dok ono isklija, naraste, rascveta se i onda donese plod.

Seljak čupa korov i štiti usev od štetnih insekata. On puno radi sa mnogo znoja da bi dobio dobar plod. Na isti način, da bi dobili odgovor za koji smo se molili, postoje stvari koje moraju biti učinjene. Mi moramo da ispunimo odgovarajuću meru u skladu sa merom sedam Duhova – vera, radost, molitva, zahvalnost, marljiva odanost, pridržavanje zapovesti i ljubav.

Bog nam odmah odgovara samo ako ispunimo tražene vrednosti u skladu sa merama za našu veru. Moramo da razumemo da je vreme strpljenja sa Bogom vreme da se dobije savršeniji odgovor, i omogućava nam još veću radost i zahvalnost.

Drugo, postoji strpljenje između ljudi. Strpljenje duhovne

ljubavi pripada strpljenju ove vrste. Treba nam strpljenje da bi voljeli neku osobu u svakoj vrsti ljudskih odnosa.

Treba nam strpljenje da verujemo u ma kog čoveka, da izdržimo sa njim, i nadamo se da će on napredovati. Čak iako uradi nešto što je suprotno od onoga što smo očekivali, moramo da budemo strpljivi u svim stvarima. Mi moramo da razumemo, da prihvatamo, opraštamo, popuštamo i budemo strpljivi.

Oni koji pokušavaju da evangelizuju mnogo ljudi verovatno su iskusili vređanje i proganjanje. Ali ako su strpljivi u srcu, oni posećuju te osobe ponovo sa osmehom na svojim licima. Sa ljubavlju da se spasu ove duše, oni se raduju i zahvalni su, i nikada ne odustaju. Kada sa dobrotom i ljubavlju pokažu ovakvo strpljenje za osobu koja se evangelizuje, tama odlazi iz njega zbog svetlosti, a čovek može da otvori svoje srce, prihvati ga i primi spasenje.

Treće, postoji strpljenje kojim se menja srce.

Da promenimo naše srce znači da izvučemo sve neistine i zlo iz našeg srca i da umesto toga usadimo istinu i dobrotu. Očistiti srce je slično čišćenju polja. Moramo da uklonimo kamenje i da iščupamo korov. Ponekad, moramo da izoremo zemljište. Onda to može da postane dobro polje, i šta god da posejemo, to će izrasti i dati prinos.

To je isto sa ljudskim srcima. Onoliko koliko pronađemo zlo u našem srcu i odbacimo ga, mi možemo da imamo dobra polja toga srca. Onda, kada je Reč Božja posijana, ona može da klija, raste dobro, i donese plod. I baš kao što treba da se oznojimo i da naporno radimo da bi očistili zemlju, isto moramo da radimo i kada menjamo naše srce. Moramo da iskreno uzvikujemo u molitvama svom svojom snagom i svim svojim srcem. Onda možemo da dobijemo moć Svetog Duha da bi izorali telesno srce koje je kao opustošena zemlja.

Ovaj proces nije lak kao što neki možda misle. Zbog toga neki ljudi mogu da se osećaju mučno, obeshrabreno, ili da padnu u očaj. Zbog toga, nama treba strpljenja. Mada se čini da se veoma polako menjamo, mi nikada ne treba da budemo razočarani ili da odustanemo.

Mi treba da se setimo ljubavi Gospodnje koji je umro na krstu za nas, da primimo novu snagu, i nastavimo da kultivišemo polje našeg srca. Takođe, treba da potražimo ljubav i blagoslove Božje koje će nam On dati kada budemo potpuno kultivisali naša srca. Takođe treba da nastavimo da radimo sa većom zahvalnošću.

Da nemamo zla u nama, izraz „strpljenje" ne bi bio potreban. Na isti način, da samo imamo ljubav, praštanje i razumevanje, ne bi bilo mesta za „strpljenje." Dakle, Bog želi da mi imamo takvo strpljenje u kojem je reč „strpljenje" nepotrebna. U stvari, Bogu, koji je Sam dobrota i ljubav, ne treba strpljenje. Ipak, On nam govori da je On „strpljiv" sa nama kako bi nam pomogao da razumemo pojam „strpljenje." Treba da shvatamo da što više obiljeđja strpljivosti u određenim okolnostima imamo, sa Božjeg gledišta više zla imamo u našim sopstvenim srcima.

Ako nemamo ništa za šta bi bili strpljivi nakon ostvarenja savršenog ploda strpljenja, mi ćemo uvek biti srećni, čuti samo dobre poruke odavde i odande, i osetiti takvu lakoću u našim srcima kao da hodamo na oblacima.

9. Topaz: Duhovna dobrota

Topaz, deveti temelj zidova Novog Jerusalima, je kamen providne, pomešane, i riđo narandžaste boje. Duhovno srce simbolizovano topazom je duhovna dobrota. Dobrota je kvalitet koji znači biti dobar, uslužan i častan. Ali duhovno značenje dobrote ima dublje značenje.

Postoji dobrota i među devet plodova Svetog Duha, i ima isto značenje kao dobrota topaza. Duhovno značenje dobrote je žuditi za dobrotom unutar Svetog Duha.

Svaka osoba ima standard da prosudi između ispravnog i pogrešnog ili između dobra i zla. To se zove „savest." Koncept savesti se razlikuje u različitim vremenima, zemljama, i kod raznih naroda.

Taj standard da se odmeri značaj duhovne dobrote je samo jedan: Reč Božja, koja je istina. Zato, nije duhovna dobrota tražiti ono što mi smatramo dobrotom. Duhovna dobrota je tražiti ono što Bog smatra dobrotom.

Jevanđelje po Mateju 12:35 govori: *„Dobar čovek iz dobre kleti iznosi dobro.* " Isto tako, oni koji imaju duhovnu dobrotu u njima, prirodno će odmah izneti svoju dobrotu. Gde god da idu i koga god da sretnu, dobre reči i dobra dela će izaći iz njih.

Baš kao što će oni koji prskaju miris imati ugodan miris, miris dobrote će izaći iz onih koji imaju dobrotu. Naime, oni će odati aromu Hristove dobrote. Zato, samo tražiti dobrotu u srcu ne može biti nazvano dobrotom. Ako imamo srce koje žudi za dobrotom, onda ćemo prirodno odati aromu Hrista sa dobrim rečima i željama. Na ovaj način treba da ljudima u našoj okolini pokažemo moralnu vrednost i ljubav. Ovo je dobrota u pravom, duhovnom smislu.

Standard za merenje duhovne dobrote

Bog Sam je dobro, i dobrota se nalazi u čitavoj Bibliji, Reči Božjoj. Ima takođe stihova u Bibliji koji osobiti odaju boje topaza, naime boje duhovne dobrote.

To se, pre svega, nalazi u Poslanici Filipljanima 2:1-4, koja glasi: *„Ako ima dakle koje poučenje u Hristu, ili ako ima koja uteha ljubavi, ako ima koja zajednica duha, ako ima koje srce žalostivo i milost, ispunite moju radost, da jedno mislite, jednu ljubav imate, jednodušni i jednomisleni. Ništa ne činite usprkos ili za praznu slavu; nego poniznošću činite jedan drugog većeg od sebe; ne gledajte svaki za svoje, nego i za drugih."*

Mada nešto nije dobro prema našem mišljenju i našim karakterima, ako tražimo dobrotu u Gospodu, mi ćemo se spojiti sa drugima i složiti se sa njihovim mišljenjem. Nećemo se svađati ni zbog čega. Nećemo imati bilo kakvu želju da se šepurimo ili da nas uzdižu drugi. Sa samo poniznim srcem, mi ćemo druge smatrati boljima od nas iz dubina naših srca. Naš posao ćemo obavljati odano i veoma odgovorno. Čak ćemo moći i da pomognemo drugima u njihovom poslu.

Lako možemo da vidimo kakav čovek ima dobrotu u svom srcu iz priče o dobrom Samarićaninu koja se nalazi u Jevanđelju po Luki 10:25-37:

> *Jedan čovek silažaše iz Jerusalima u Jerihon, pa ga uhvatiše hajduci, koji ga svukoše i izraniše, pa otidoše, ostavivši ga pola mrtva. A iznenada silažaše onim putem nekakav sveštenik, i videvši ga prođe. A tako i Levit kad je bio na onome mestu, pristupi, i videvši ga prođe. A Samarićanin nekakav prolazeći dođe nad njega, i videvši ga sažali mu se; i pristupivši zavi mu rane i zali uljem i vinom; i posadivši ga na svoje kljuse dovede u gostionicu, i ustade oko njega. I sutradan polazeći izvadi dva groša te dade krčmaru, i reče mu: „Gledaj ga, i šta više potrošiš ja ću ti platiti kad se vratim." Koji je od one trojice bio bližnji onome što su ga bili uhvatili hajduci?* (Jevanđelje po Luki 10:30-36)

Između sveštenika, Levita i Samarićanina, ko je, onda, pravi bližnji i osoba od ljubavi? Samarićanin bi mogao da bude pravi bližnji čoveka koga su opljačkali zato što je imao dobrotu u srcu da izabere pravi put, mada je smatran nejevrejinom.

Ovaj Samarićanin možda nije dobro poznavao Reč Božju kao znanje. Ali mi možemo da vidimo da je imao srce koje prati dobrotu. To znači da je imao duhovnu dobrotu prateći dobrotu po Božjem viđenju. Čak iako mi treba da potrošimo svoje sopstveno vreme i novac, moramo da odaberemo ono što Bog smatra dobrotom. Ovo je duhovna dobrota.

Isusova dobrota

Sledeći Biblijski stih koji odaje svetlo dobrote još sjajnije je

Jevanđelje po Mateju 12:19-20. On se bavi Isusovom dobrotom. Tu čitamo:

> *Neće se svađati ni vikati, niti će čuti ko po rasputicama glas Njegov. Trsku stučenu neće prelomiti i sveštilo zapaljeno neće ugasiti dok pravda ne održi pobedu.*

Fraza: „dok pravda ne održi pobedu" ističe da je Isus radio samo sa dobrim srcem u celom procesu raspeća i uskrsnuća, dajući nam pobedu Svojom milošću spasenja.

Pošto je Isus imao duhovnu dobrotu, on se nikad ni sa kim nije vređao ili svađao. On je sve prihvatao sa razumom duhovne dobrote i rečima istine čak i kada se susreo sa teškim i naizgled neprihvatljivim situacijama. Štaviše, Isus se nije niti suprotstavio onima koji su pokušali da ga ubiju niti je pokušao da objasni i dokaže Svoju nevinost. On je sve ostavio Bogu i ispunio je sve Svojom mudrošću i istinom u duhovnoj dobroti.

Duhovna dobrota je srce koje „neće da prelomi salomljenu trsku ili da ugasi zapaljeni fitilj na lampi." Ova definicija sadrži reprezentativne referentne stavke dobrote.

Oni koji imaju dobrotu ne viču i ne raspravljaju se ni sa kim. Takođe će pokazati svoju dobrotu samom svojom pojavom. Kao što je zapisano: „Niti će neko čuti Njegov glas na ulicama," oni koji imaju dobrotu će na svojoj spoljašnosti odavati dobrotu i poniznost. Koliko mora da su bile besprekorne i savršene Isusove osobine u Njegovom načinu hodanja, njegovim gestovima i jeziku! Poslovice 22:11 kažu: „*Ko ljubi čisto srce, i čije su usne ljubazne, njemu je car prijatelj."*

Prvo, „salomljena trska" predstavlja one koji su propatili mnogo ovozemaljskih stvari i koji su povređeni u srcu. Čak i kad traže Boga siromašnim srcem, Bog ih se neće odreći, već će ih prihvatiti. Ovo srce Božje i ovo srce Isusovo je vrhunac dobrote.

Sljedeće, isto je sa srcem koje ne gasi zapaljeni fitilj. Ako fitilj tinja, to znači da se vatra gasi, ali još uvek može da se raspali. U tom smislu „zapaljeni fitilj" je osoba koja je tako ukaljana zlom da svetlo njegove duše „tinja." Čak i od ovakve osobe ne treba da odustanemo, ako ima i najmanju mogućnost da primi spasenje. Ovo je dobrota.

Naš Gospod ne odustaje čak ni od onih ljudi koji žive u grehu i protiv Boga su. On i dalje kuca na vrata njihovog srca da im omogući da stignu do spasenja. Ovo srce našeg Gospoda je dobrota.

Ima ljudi koji su u veri kao salomljene trske i fitilj koji tinja. Kada oni padnu u iskušenje zbog slabe vere, neki ljudi nemaju snage da se sami ponovo vrate crkvi. Možda zbog nekih telesnih stvari koje nisu još odbacili, oni su možda uzrokovali štetu drugim članovima crkve. Zbog toga što im je jako žao i postiđeni su zbog toga, oni ne osećaju da mogu da se vrate u crkvu.

Tako da mi treba prvo da odemo kod njih. Moramo da produžimo naše ruke do njih i držimo ih za ruke. Ovo je dobrota. Takođe, ima ljudi koji su bili prvi u veri, ali kasnije su zaostali sa duhom. Neki od njih su takođe postali kao „fitilj koji tinja."

Neki od nih žele da budu voljeni i da ih drugi prepoznaju, ali to se ne dešava. Tako da su oni slomljenog srca, a zlo koje je u njima izlazi napolje. Oni mogu da budu ljubomorni na druge koji su ispred njih u duhu, i čak mogu da ih ogovaraju. Ovo je kao fitilj koji tinja i ispušta dim i čađ.

Ako imamo iskrenu dobrotu, mi ćemo takođe moći da razumemo ove ljude i prihvatimo ih. Ako pokušamo da se raspravljamo šta je dobro a šta je loše, i pokušamo da druge ljude potčinimo, to nije dobrota. Mi moramo da se dobro ophodimo sa njima sa iskrenošću i ljubavlju, čak i prema onima koji pokazuju zlo. Mi moramo da smekšamo i dirnemo njihova srca. Kada uradimo ovo, to je onda raditi u dobroti.

10. Hrizopras: Samokontrola

Hrisopras, deseti temelj zidova Novog Jerusalima, je najskuplji među kalcedonima. On je polu providne tamno zelene boje, i jedan od dragulja koji su Korejanke smatrale veoma vrednim u prošlosti. Za njih je on simbolizovao čednost i čistotu žene.

Šta duhovno hrizopras simbolizuje? Ono znači samo kontrolu. Dobro je imati izobilje u svemu u Bogu, ali mora da postoji samokontrola kako bi sve učinili lepim. Samokontrola je takođe jedan od devet plodova Svetog Duha.

Samokontrola da se postigne savršenstvo

Poslanica Titu 1:7-9 nam govori o uslovima za nadzornika crkve, i jedan od uslova je samokontrola. Ako osoba koja nema samokontrolu postane nadzornik, šta će on moći da postigne u svom nekontrolisanom životu?

U svemu što radimo za i sa Gospodom, mi bi trebalo da

odvojimo istinu od neistine, i da uz samokontrolu sledimo volju Svetog Duha. Ako možemo da čujemo glas Svetog Duha, mi ćemo biti uspešni u svemu pošto imamo samokontrolu. Ako nemamo samokontrolu, međutim, stvari mogu krenuti loše i možemo čak da doživimo nezgodu, i prirodne i ljudskom rukom stvorene nesreće, bolesti, i slično.

Takođe je plod samokontrole vrlo važan, on je i nužnost, u postizanju savršenstva. Koliko god da gajimo plodove ljubavi, mi možemo da gajimo plodove radosti, mira, strpljenja, ljubaznosti, dobrote, odanosti i umiljatosti, i ovi plodovi će biti kompletni uz samokontrolu.

Samokontrola može biti upoređena sa anusom u našem telu. Mada je mali, igra veoma važnu ulogu u telu. Šta ako izgubi snagu da se stegne? Izmet neće biti kontrolisan, i mi ćemo biti sasvim prljavi i nepristojni.

Na isti način, ako izgubimo samokontrolu, sve može da postane neuredno. Ljudi žive u neistini zato što ne mogu sebe duhovno da kontrolišu. Zbog ovoga, oni se suočavaju sa iskušenjima i Bog ne može da ih voli. Ako ne možemo fizički sebe da kontrolišemo, mi ćemo raditi nepravedne i nezakonite stvari zato što ćemo jesti i opijati se koliko god želimo, čineći naše živote neurednim.

Jovan Krstitelj

Dobar primer samokontrole među biblijskim likovima je Jovan Krstitelj.

Jovan Krstitelj je jasno znao zašto je došao na ovu zemlju. On je znao da mora da pripremi put za Isusa, koji je prava Svetlost.

Tako da, sve dok nije ispunio ovu dužnost, on je živio životom potpuno osamljenim od ovog sveta. Naoružao se molitvom i samo Rečju dok je bio u divljini. Jeo je samo skakavce i divlji med. To je bio veoma usamljen i strogo kontrolisani život. Kroz ovakav način života, on je bio spreman da pripremi put Gospodnji, i ispuni ga potpuno.

U Jevanđelju po Mateju 11:11, Isus je rekao ovo o njemu: *„Zaista vam kažem, ni jedan između rođenih od žena nije izišao veći od Jovana Krstitelja."*

Ako neko misli: „Oh, sada ću otići duboko u planinu ili na neko usamljeno mesto i živeti život u samokontoli!" to dokazuje da taj nema samokontrolu i interpretira Božju Reč na svoj način i razmišlja isuviše mnogo.

Važno je da kontrolišete vaše srce u Svetom Duhu. Ako još niste dostigli nivo duha, vi morate da kontrolišete vaše telesne želje i sledite samo želje Svetog Duha. Takođe, čak i kada postignete duh, vi morate da kontrolišete snagu ili veličinu svakog od duhovnih srca kako bi imali savršenu harmoniju kao celinu. Ova samokontrola je pokazana svetlošću hrizoprasa.

11. Cirkon: Čistota i svetost

Cirkon, jedanaesti temelj zidova Novog Jerusalima, je dragocen kamen providne plavičaste boje i duhovno simbolizuje čistotu i svetost.

„Čistota" se ovde odnosi na stanje gde nemate greh i gde ste čisti bez ijedne mrlje i srama. Ako se osoba tušira ili se kupa nekoliko puta na dan, očešlja kosu, i obuče se valjano, ljudi će reći da je on čist i uredan. Onda, da li će i Bog reći da je on čist? Ko je, onda, čovek čistog srca i kako možemo da postignemo čisto srce?

Čisto srce u Božjim očima

Fariseji i pisari su prali ruke pre nego jedu, poštujući običaje svojih starješina. A kada učenici Isusovi nisu tako uradili, oni su postavili Isusu pitanje kako bi Ga optužili. Jevanđelje po Mateju 15:2 kaže: *"Zašto učenici Tvoji prestupaju običaje starih? Jer ne umivaju ruke svoje kad hljeb jedu."*

Isus ih je naučio šta čistota zaista jeste. U Jevanđelju po Mateju 15:19-20 On je rekao: *"Jer od srca izlaze zle misli, ubistva, preljube, kurvarstva, krađe, lažna svedočanstva, hule. I ovo je što pogani čoveka, a neumivenim rukama jesti ne pogani čoveka."*

Čistota u Božjim očima je nemati greh u srcu. Čistota je kada imamo srce koje je čisto i bez srama, mrlje ili sramote. Mi možemo da operemo naše ruke i telo vodom, ali kako da očistimo naše srce?

Možemo ga oprati i vodom. Možemo ga pročistiti tako što ćemo ga oprati duhovnom vodom koja je Reč Božja. Poslanica Jevrejima 10:22 kaže: *"Da pristupamo s istinitim srcem u punoj veri, očišćeni u srcima od zle savesti, i umiveni po telu vodom čistom."* Mi možemo da imamo čista i iskrena srca sve do tačke kada činimo po Reči Božjoj.

Kada se povinujemo svemu što nam Biblija kaže da odbacimo i da ne činimo, neistina i zlo će biti oprani iz našeg srca. A kada se povinujemo svemu što nam Biblija zapoveda da radimo i da se pridržavamo, možemo da izbegnemo da se opet zaprljamo ovozemaljskim grehovima i zlom tako što ćemo uvek biti snabdeveni čistom vodom. Na ovaj način možemo da održimo naše srce čistim.

Jevanđelje po Mateju 5:8 kaže: *„Blago onima koji su čistog srca, jer će Boga videti."* Bog nam je rekao o blagoslovu koji će oni čistog srca dobiti. To je da će oni videti Boga. Oni koji su čisti u srcu će videti Boga licem u lice u nebeskom kraljevstvu. Oni mogu ući bar u Treće kraljevstvo ili čak i u Novi Jerusalim.

Ali pravo značenje „videti Boga" nije samo da vidimo Boga. To znači da ćemo se uvek susretati sa Bogom i dobijati pomoć od Njega. To znači da živimo život u kome hodamo sa Bogom, čak i na ovoj zemlji.

Enoh koji je postigao čisto srce

Peto poglavlje Postanka opisuje Enoha koji je kultivisao čisto srce i hodao sa Bogom na zemlji. U Postanku 5:21-24, možemo da pročitamo da je Enoh hodao sa Bogom tri stotine godina od vremena kada je postao otac Metuzalema u 65 godini. Onda, kao što je zapisano u stihu 4: *„I živeći Enoh jednako po volji Božjoj, nestade ga jer ga uze Bog,"* odveden je živ na nebo.

Poslanica Jevrejima 11:5 nam daje razlog zašto je on mogao biti podignut na nebo a da ne vidi smrt, i kaže: *„Verom bi Enoh prenesen da ne vidi smrt; i ne nađe se, jer ga Bog premesti, jer pre nego ga premesti, dobi svedočanstvo da ugodi Bogu."*

Enoh je udovoljio Bogu kultivisanjem tako čistog srca bez ijednog greha, čak i dotle da nije morao da vidi smrt. I konačno on je odveden na nebo živ. On je tada imao 365 godina, ali u tim vremenima ljudi su živeli više od 900 godina. Sa današnjeg stanovišta, Bog je uzeo Enoha kada je ovaj bio u najintenzivnijem periodu mladosti.

To je zato što je Enoh bio toliko drag Božjim očima. Radije nego da ga zadrži na zemlji, Bog je htio da postavi Enoha u nebeskom kraljevstvu Sebi uz bok. Možemo jasno da vidimo koliko mnogo Bog voli i raduje se onima koji imaju čisto srce.

Ali čak i Enoh nije preko noći postao posvećen. On je takođe prošao kroz razna iskušenja dok nije dostigao 65 godinu. U Postanku 5:19, možemo da vidimo da je Džerod, otac Enohov, imao decu 800 godina po Enohovom rođenju, tako da možemo da razumemo da je Enoh imao mnogo braće i sestara.

Bog mi je dozvolio da u dubokim molitvama vidim da Enoh nije imao nikakvih problema ni sa jednim od braće i sestara. On nikada nije želeo da ima više od braće; on im je uvek činio ustupke. Nikada nije želeo da bude priznat više nego njegova braća i sestre, i uvek je radio najbolje što je mogao. Čak i kad su neku braću više voljeli nego njega, on se nikada nije osećao neugodno, što znači da nije bio uopšte ljubomoran.

Takođe, Enoh je uvek bio pokorna osoba. On nije slušao samo Reč Božju, već i reč svojih roditelja. Nikada nije insistirao na svom sopstvenom mišljenju. On nikada nije imao ikakvih želja samo za sebe, i ništa nije uzimao lično. Živio je u miru sa svakim.

Enoh je kultivisao čisto srce u sebi sa kojim je mogao da vidi

Boga. Kada je Enoh dostigao 65. godinu, dostigao je nivo da udovolji Bogu, i sada je mogao da hoda sa Bogom.

Ali ima još jedan, mnogo važniji razlog zašto je mogao da hoda sa Bogom. To je zbog toga što je voleo Boga i uživao je u razgovaranju sa Bogom veoma mnogo. Naravno on nije težio ovozemaljskim stvarima i voleo je Boga više od bilo čega na ovoj zemlji.

Enoh je voleo svoje roditelje i povinovao im se, a mir i ljubav su vladali između njega i njegovih bližnjih, ali Bog je bio taj koga je voleo najviše. On je više uživao da bude sam i hvali Boga, nego da bude sa članovima njegove porodice. Bog mu je nedostajao kada je gledao nebo i prirodu, i uživao je u druženju koje je imao sa Bogom.

To je bilo tako i pre nego što je Bog počeo da hoda sa njim, a od vremena kada je Bog počeo da hoda sa njim, bilo je i više od toga. Kao što je zapisano u Poslovicama 8:17: *„Ja ljubim one koji mene ljube, i koji me dobro traže nalaze me,"* Enoh je voleo Boga i Bog mu je veoma mnogo nedostajao, a takođe Bog je i hodao sa njim.

Što više volimo Boga, čistije srce će nam postati, i što čistije srce imamo, više ćemo voleti Boga i žuditi za Njim. Ugodno je pričati i sarađivati sa onima koji su čisti u srcu. Oni jednostavno sve potpuno prihvataju i veruju drugima.

Ko će se osećati loše i mrštiti se kad vidi ozarene osmehe malih beba? Većina ljudi će se osećati dobro i takođe će se smijati kada vidi bebe. To je zato što čistota bebina prelazi na ljude, osvežavajući i njihova srca.

Bog Otac oseća isto kada vidi osobu čistog srca. Tako da On sve više želi da vidi ovakvu osobu i želeo bi da bude sa njom.

12. Ametist: Lepota i nežnost

Dvanaesti i poslednji temelj zidova Novog Jerusalima je ametist. Ametist ima svetlo ljubičastu boju i providan je. Ametist ima tako lepu i elegantnu boju da su ga voljeli plemići od najstarijih vremena.

Bog takođe ceni duhovno srce koje simbolizuje tako lepi ametist. Duhovno srce koje ametist simbolizuje je nežnost. Nežnost nalazimo u Poglavlju ljubavi, u Blaženstvu, pa čak i u devet plodova Svetog Duha. To je plod koji je sigurno rođen u osobi koja rađa duh kroz Sveti Duh i živi po Reči Božjoj.

Srce nežnosti koje Bog smatra lepim

Rečnik opisuje nežnost kao osobine ljubaznosti, umiljatosti, i blagosti; [i] biti u stanju da ispoljite smirenost. Ali nežnost koju Bog ceni nisu samo ove osobine.

Oni koji imaju nežne osobine u telu osećaju se nekako neugodno u vezi ljudi koji nisu nežni. Kada vide nekoga ko je veoma društven ili jakog karaktera, oni postaju nekako oprezni, i čak se osećaju neprijatno da sarađuju sa takvom osobom. Ali osoba koja je duhovno nežna može da prihvati svakakve ljude svih karaktera. Ovo je jedna od razlika između telesne i duhovne nežnosti.

Onda, šta je duhovna nežnost, i zašto je Bog smatra lepom?

Biti duhovno nežan je imati blag i topao karakter zajedno sa širokim srcem da se prihvati svako. To je neko ko poseduje srce koje je meko i prijatno kao pamuk tako da mnogo ljudi nađu mir u njemu. Takođe, to je neko ko može da razume sve u dobroti i zagrli i prihvati sve u ljubavi.

A postoji jedna stvar koja ne može da manjka u duhovnoj nežnosti. To je moralni karakter koji se odnosi na posedovanje širokog srca. Ako imamo veoma toplo i nežno srce samo u nama, to zapravo ne znači ništa. S vremena na vreme, kada je potrebno, treba da smo sposobni da ohrabrimo i savetujemo druge, pokazujući dela dobrote i ljubavi. Pokazati moralni karakter znači osnažiti druge, dozvoliti im da osete toplinu, i dozvoliti im da nađu mir u našem srcu.

Duhovno nežna osoba

Oni koji imaju pravu duhovnu nežnost nemaju nikakvih predrasuda o nekoj drugoj osobi. Tako da oni nemaju nikakvih nevolja i nisu u lošim odnosima ni sa kim. Druga osoba takođe oseća ovo toplo srce, tako da on može da se odmori i nađe mir duši osećajući da je zagrljen veoma toplo. Ova duhovna nežnost je kao veliko drvo koje daje veliku, hladnu senku na veoma toplom ljetnjem danu.

Ako suprug širokog srca prihvati i zagrli sve članove njegove porodice, žena će ga poštovati i voleti. Ako i žena ima srce koje je meko kao pamuk, ona može da pruži udobnost i mir svome suprugu, tako da mogu da budu veoma srećan par. Takođe, ona deca koja su podizana u ovakvoj porodici neće skrenuti sa puta čak i kad se suoče sa teškoćama. Zato što mogu biti ojačani porodičnim mirom, oni mogu da prevaziđu teškoće i porastu u poštenju i u dobrom zdravlju.

Isto tako, kroz one koji su kultivisali duhovnu nežnost, i ljudi iz njihove okoline mogu naći mir i budu srećni. Onda će i Bog Otac kazati da su oni koji su duhovno nežni i stvarno lepi.

U ovom svetu ljudi primenjuju različite načine da osvoje srce drugih. Oni mogu da snabdevaju druge ljude materijalnim stvarima ili iskoriste svoj socijalni ugled ili vlast. Ali ovim telesnim putevima, mi ne možemo iskreno da osvojimo srca drugih. Oni će nam možda pomoći na trenutak zbog svojih potreba, ali pošto se zapravo ne predaju od srca, oni će promeniti mišljenje kada se situacija promeni.

Ali ljudi će se prirodno skupiti oko osobe koja ima duhovnu nežnost. Oni se predaju od srca i želje da ostanu sa njim. To je zbog toga što, kroz osobu koja ima duhovnu nežnost, oni mogu da ojačaju i da osete utehu koju nisu osećali na ovoj zemlji. Tako da će mnogi ljudi ostati uz osobu sa duhovnom nežnošću, i ovo postaje duhovni autoritet.

Jevanđelje po Mateju 5:5 govori o ovom blagoslovu za okupljanje mnogih duša govoreći da će oni naslediti zemlju. To znači da će oni osvojiti srce ljudi koji su napravljeni od zemlje. Kao ishod, oni će takođe dobiti veliku oblast zemlje u večnom nebeskom kraljevstvu. Zato što su zagrlili i vodili mnogo duša do istine, oni će dobiti mnogo nagrada.

Zbog toga je Bog rekao ovo o Mojsiju u Brojevima 12:3: *"A Mojsije beše čovek vrlo krotak mimo sve ljude na zemlji."*

Mojsije je vodio Izlazak. On je poveo više od 2 miliona ljudi, i vodio ih je više od 40 godina kroz divljinu. Baš kao što roditelji podižu svoju decu, on ih je grlio u svom srcu i vodio ih u skladu sa Božjom voljom.

Čak i kada su njihova deca počinila velike grehove, roditelji ih neće jednostavno odbaciti. Na isti način, Mojsije je zaštitio i takve ljude koji nisu mogli ništa osim da budu napušteni u skladu sa Zakonom, i vodio ih je sve do kraja moleći Boga da im oprosti.

Kada imate i najmanju dužnost u crkvi, vi ćete razumeti koliko dobra je ova nežnost. Ne samo u dužnostima u zbrinjavanju duša, već i u bilo kojim drugim obavezama, ako ih obavite sa nežnošću, onda nećete imati nikakav problema. Nema dva čoveka koji imaju isto srce i iste misli. Svako je podizan u različitim okolnostima i ima drugačiji karakter. Njihove misli i razmišljanja se neće možda slagati.

Ali on koji je nežan, može širokog srca da prihvati druge. Nežnost da ispraznite sebe i prihvatite druge se lepo ističe u situaciji gde svako insistira da je u pravu.

Naučili smo sve o duhovnim srcima koja simbolizuju svaki od dvanaest kamenova temeljaca gradskog zida Novog Jerusalima. To su srca vere, pravednosti, požrtvovanja, ispravnosti, odanosti, strasti, milosti, strpljenja, dobrote, samokontrole, čistote i nežnosti. Kada spojimo u jedno sve ove osobenosti, to postaje srce Isusa Hrista i Boga Oca. Jednom rečju, to je „savršena ljubav."

Oni koji su kultivisali ovu savršenu ljubav sa dobrom i balansiranom kombinacijom svake osobenosti dvanaest dragih kamenova mogu hrabro da uđu u grad Novi Jerusalim. Takođe, njihove kuće u Novom Jerusalimu biće ukrašene sa ovih dvanaest različitih dragulja.

Zato je unutrašnjost grada Novog Jerusalima tako lepa i zanosna da se ne može izraziti. Kuće, zgrade i svi objekti kao što su parkovi su ukrašeni na najlepši mogući način.

Ali ono što Bog smatra najlepšim su ljudi koji dolaze u grad. Oni će ispustiti još divnija svetla nego što su svetla svih dvanaest dragulja. Oni će iz dubine njihovih srca dati i mnogo jači miris ljubavi prema Ocu. Kroz ovo, Bog Otac će biti utešen za sve stvari koje će On učiniti do tada.

Poglavlje 6

Dvanaest bisernih kapija i zlatni put

1. Dvanaest kapija napravljenih od bisera
2. Ulice napravljene od čistog zlata

„I dvanaest vrata, dvanaest zrna bisera; svaka vrata behu od jednog zrna bisera. I ulice gradske behu zlato čisto, kao staklo presvetlo."

- Otkrivenje Jovanovo 21:21 -

Grad Novi Jerusalim ima dvanaest kapija, po tri na svakoj, severnoj, južnoj, istočnoj i zapadnoj strani zidina. Ogromni anđeo čuva svaku kapiju, a prizor odslikava veličanstvenost i autoritet grada Novog Jerusalima na prvi pogled. Svaka kapija je lučnog oblika, i toliko je velika da moramo da gledamo daleko uvis. Svaka kapija je napravljena od jednog divovskog bisera. Ona se klizeći otvara na obe strane i ima ručicu napravljenu od zlata i drugog dragog kamenja. Kapija se otvara automatski i ne treba niko da je rukama otvara.

Bog je za Svoju voljenu decu napravio dvanaest kapija od divnih bisera a ulice od čistog zlata. Koliko li će tek biti lepše i veličenstvenije građevine u gradu?

Pre nego što se udubimo u zgrade i delove grada Novog Jerusalima, hajde da prvo razmotrimo razloge zbog kojih je Bog napravio kapije Novog Jerusalima od bisera, i kakvih još ulica ima osim zlatnih.

1. Dvanaest kapija napravljenih od bisera

U Otkrivenju Jovanovom 21:21 čitamo: *„I dvanaest vrata, dvanaest zrna bisera; svaka vrata behu od jednog zrna bisera. I ulice gradske behu zlato čisto, kao staklo presvetlo."* Zašto je, onda, tih dvanaest kapija napravljeno od bisera kad ima mnogo drugog dragog kamenja u Novom Jerusalimu? Neko može da kaže da bi bilo bolje da se svaka kapija ukrasi različitim draguljima pošto ima dvanaest kapija, ali Bog je ukrasio svih dvanaest kapija samo biserom.

Ovo je zato što su u ovakvom dizajnu sadržani Božje proviđenje i duhovni značaj. Ne kao drugi nakit, biseri imaju malo drukčiju vrednost i smatraju se vrednijim zato što su napravljeni posle bolnog procesa.

Zašto je dvanaest kapija napravljeno od bisera?

Kako je biser proizveden? Biser je jedan od dva organska dragulja iz mora, drugi je koral. Mnogo ljudi ga dosta cene zato što daje divan sjaj bez da je poliran.

Biser se formira u unutrašnjosti školjke ostrige. To je grudva koja daje neverovatni sjaj i sastoji se uglavnom od kalcijum karbonata, u obliku polusfere ili sfere. Kada strana materija dospe u meko meso školjke, školjka trpi veliki bol, kao kad bi je bola igla. Onda se školjka bori sa stranom materijom podnoseći ogroman bol. Biser je proizveden kada izlučivanja školjke mnogo puta prekriju stranu materiju.

Postoje dve vrste bisera: prirodni biseri i veštački biseri. Ljudi su shvatili principe u proizvodnji bisera. Oni su odgajili mnogo školjki i ubacili veštačke materije u školjke kako bi one proizvele bisere. Oni na oko izgledaju prirodno ali su relativno jeftiniji zato što imaju tanje biserne naslage.

Baš kao što i školjka pravi lepi biser podnoseći veliki bol zbog stranih materija, tako postoji i proces izdržljivosti za Božju decu koja teže da povrate izgubljeni lik Božji. Oni mogu da istupe sa verom kao čisto zlato sa kojom mogu da uđu u Novi Jerusalim samo nakon što su izdržali teškoće i tugu dok su živeli na ovoj zemlji.

Ako želimo da pobedimo u verskoj borbi i prođemo kroz kapije Novog Jerusalima, mi svi moramo da napravimo biser u našem srcu. Baš kao što biserna ostriga istraje u bolu i ispusta sedef da napravi biser, Božja deca takođe treba da istraju u bolu sve dok u potpunosti ne povrate Božji lik.

Kako je greh došao na ovaj svet i ljudi su se okaljali grehovima, oni su izgubili Božji lik. U srcu ljudi zasađeni su zlo i neistina, a njihova srca su postala nečista i odaju neprijatan miris. Bog Otac je pokazao Svoju veliku ljubav čak i ovim ljudima koji su živeli sa grešnim srcima u grešnom svetu.

Svako ko veruje u Isusa Hrista će biti očišćen od svog greha kroz Njegovu krv. Ali ona iskrena deca koju Bog Otac želi su takva deca koja su potpuno odrasla i sazrela. On želi one koji se neće ponovo isprljati pošto su već oprani. Duhovno, to znači da oni ne greše više, već udovoljavaju Bogu Ocu savršenom verom.

A da bi imali ovakvu savršenu veru, mi prvo moramo da imamo iskrena srca. Mi možemo da imamo iskreno srce onda kada uklonimo sve grehove i zlo iz našeg srca I umesto toga ga ispunimo dobrotom i ljubavlju. Što više dobrote i ljubavi imamo, tim više obnavljamo lik Božji.

Bog Otac dozvoljava Svojoj deci da se pročiste u iskušenjima kako bi mogli da kultivišu dobrotu i ljubav. On im daje da otkriju grehove i zlo u svojim srcima u različitim vrstama situacija. Kada pronađemo naše grehove i zlo, mi ćemo osetiti bol u našem srcu. To je kao kad oštar uljez uđe u ostrigu i zabije se u meko meso. Ali mi moramo da prihvatimo činjenicu da imamo bol kada prolazimo kroz iskušenja zbog grehova i zla u našem srcu.

Ako zaista priznamo ovu činjenicu, onda možemo da stvorimo duhovni biser u našem srcu. Mi ćemo se usrdno moliti da odbacimo grehove i zlo koje smo otkrili. Onda će milost i snaga Božja doći na nas. Takođe, Sveti Duh će nam pomoći. Kao ishod, grehovi i zlo koje smo otkrili biće uklonjeni, i umesto toga, mi ćemo imati duhovno srce.

Biseri su izuzetno vredni kada se računa proces njihovog stvaranja. Baš kao što školjke moraju da trpe bol i istraju da bi proizvele bisere, mi treba da prevaziđemo i istrpimo veliki bol da bi ušli u Novi Jerusalim. Mi možemo da uđemo kroz ove kapije samo onda kada odnesemo pobedu u verskoj bici. Ove kapije su napravljene da simbolizuju ovu činjenicu.

Poslanica Jevrejima 12:4, nam govori: *"Jer još do krvi ne dođoste boreći se protiv greha."* I druga polovina Otkrivenja Jovanovog 2:10, takođe nam zapoveda: *"Budi veran do same smrti, i daću ti venac života."*

Kao što nam Biblija govori, mi možemo da uđemo u Novi Jerusalim, najdivnije mesto na nebu, samo kada se odupiremo grehu, odbacimo sve vrsta zla, odani smo sve do same smrti i ispunimo naše dužnosti.

Prevazilaženje iskušenja vere

Mi moramo da imamo veru kao čisto zlato da prođemo dvanaest kapija Novog Jerusalima. Ovakva vere nije jednostavno data; samo kada prođemo i prevaziđemo iskušenja vere nagrađeni smo takvom verom, baš kao što školjka trpi veliki bol dok napravi biser. Ipak, nije lako opstati sa verom zato što su tu neprijatelj đavo i Satana koji pokušavaju da nas spreče da imamo veru po svaku cenu. Štaviše, sve dok ne stanemo na kamenu vere, mi možemo da osećamo da je put do neba težak i bolan zato što moramo da se suočimo sa intenzivnim borbama protiv neprijatelja đavola onoliko koliko neistine imamo u srcima.

Međutim, mi možemo da pobedimo zato što nam Bog daje Svoju milost i snagu, a Sveti Duh nam pomaže i vodi nas. Ako stojimo na kamen vere nakon što smo preduzeli ove korake, mi ćemo moći da nadvladamo sve vrste teškoća i radovaćemo se umesto da patimo.

Budistički monasi se udaraju po telima i „zarobljivali" ih kroz meditaciju da se očiste od svih zemaljskih potreba. Neki od njih primenjuju asketizam decenijama, i kada umru, iz njihovih ostataka se izdvoji nešto nalik biseru. Ovo se formira posle mnogo godina istrajnosti i samokontrole, na način na koji školjke ostrige prave bisere.

Koliko mnogo treba da izdržimo i kontrolišemo se od bola ako pokušamo da iskorenimo zemaljska zadovoljstva i kontrolišemo žudnju tela samo sopstvenom snagom? Ipak, Božja deca mogu da iskorene zemaljska zadovoljstva brzo sa milošću i snagom Božjom u sred dela Svetog Duha. Takođe, mi možemo da prevaziđemo sve teškoće uz pomoć Boga, i možemo da trčimo duhovnu trku zato što je nebo pripremljeno za nas.

Zato, Božja deca koja imaju veru ne moraju da izdrže svoja iskušenja sa bolom, već će pobediti sa radošću i zahvalnošću, očekujući blagoslove koje će uskoro dobiti.

Dvanaest bisernih kapija za pobednike u veri

Dvanaest bisernih kapija služe kao slavolukovi za pobednike u veri, onako kako komandanti pobednici, koji se vraćaju kući nakon uspešnih borbi, marširaju kroz spomenik u čast njihovom podvigu.

U starim vremenima, da bi dočekali i odali počast vojnicima i njihovim zapovednicima koji su se trijumfalno vraćali kući, ljudi su gradili razne spomenike i objekte i imenovali svako mesto po heroju. Generalu pobedniku bi bila odata počast i prošao bi kroz trijumfalni luk ili kapiju, velika masa mu je izražavala dobrodošlicu, i vozio bi se u kolima koja je poslao kralj.

Kada oni stignu do sale za bankete u sred trijumfalne pesme, ministri koji su sedeli sa kraljem i kraljicom ih dočekaju dobrodošlicom. Komandant onda siđe sa kola i pokloni se pred kraljem, a kralj bi ga podigao i veličao njegovu odličnu službu. Onda oni jedu, piju i dele radost pobede. Komandant možda kao nagradu dobio vlast, bogatstvo i počasti dostojne kralja.

Ako je vlast nekog komandanta i vojske ovako velika, koliko će veća biti vlast onih koji prođu kroz dvanaest kapija Novog Jerusalima? Njih će voleti i utešiti Bog Otac i boraviće tamo zauvek u slavi koja ne može biti upoređena sa slavom nekog komandanta ili vojnika koji prođu kroz slavoluk. Kada prođu kroz dvanaest kapija napravljenih potpuno od bisera, podsećaju se na njihov put vere tokom koga su se borili i davali sve od sebe, i u zahvalnosti prolivali suze koje naviru iz dubina njihovih srca.

Veličanstvenost dvanaest bisernih kapija

Na nebu, ljudi nikada ne zaboravljaju ništa čak i posle mnogo vremena zato što je nebo deo duhovnog sveta. Umesto toga, ponekad od milja gaje uspomene na prošla vremena.

Zbog toga su oni koji uđu u Novi Jerusalim preplavljeni osećanjima kad god pogledaju u dvanaest bisernih kapija, misleći: „Ja sam prevazišao mnoga iskušenja i konačno sam stigao u Novi Jerusalim!" Oni se radosno sećaju činjenice da su se borili i konačno pobedili u borbi protiv neprijatelja đavola i sveta, i odbacili bilo koju i svu neistinu u sebi. Oni se zahvaljuju Bogu Ocu još jednom, sećajući se Njegove ljubavi koja ih je vodila u prevazilaženju sveta. Oni takođe zahvaljuju onima koji su im pomagali sve dok nisu dostigli to mesto.

U ovom svetu, snaga zahvalnosti ponekad potpuno nestane ili se smanji kako vreme prolazi, ali pošto nema neiskrenosti na nebu, ljudska zahvalnost, radost i ljubav rastu sve više i više sa prolaskom vremena. Dakle, kadgod stanovnici Novog Jerusalima pogledaju biserne kapije, oni su zahvali Božjoj ljubavi i onima koji su im pomogli da stignu tamo.

2. Ulice napravljene od čistog zlata

Pošto se ljudi sete uspomena na njihov život na zemlji i prođu kroz veličanstvene biserne kapije u obliku luka, oni konačno ulaze u Novi Jerusalim. Grad je pun svetlosti Božje slave, dalekog umirujućeg zvuka anđeoskog hvalospeva, i blagog mirisa cveća. Kako prave svaki korak ka Gradu, oni osećaju neopisivu sreću i oduševljenje.

Zidovi ukrašeni sa dvanaest dragulja i lepe biserne kapije već su razmotrene. Od čega su, onda, napravljene ulice u Novom Jerusalimu? Kao što nam Otkrivenje Jovanovo 21:21 govori: *„I ulice gradske behu zlato čisto, kao staklo presvetlo,"* Bog je napravio ulice Novog Jerusalima sa čistim zlatom za Njegovu decu koja će ući u Grad.

Isus Hrist: Put

Na ovoj zemlji, ima mnogo vrsta puteva, počev od mirnih puteva do železnice, od uskih puteva do auto-puteva. U zavisnosti od odredišta i potrebe, ljudi idu različitim stazama. Da odu na nebo, međutim, ima samo jedan put: Isus Hrist.

Ja sam put i istina i život; niko neće doći k Ocu do kroza Me (Jevanđelje po Jovanu 14:6).

Isus, jedan i jedini Sin Božji, otvorio je put spasenja time što je razapet u interesu svih ljudi, koji su trebali da umru za navek zbog njihovih grehova, i uskrsnuo trećega dana. Kada verujemo u Isusa Hrista, mi smo kvalifikovani da dobijemo večni život. Zato, Isus Hrist je jedini put do neba, spasenja i večnog života. Štaviše, put do večnog života je da prihvatite Isusa Hrista i ličite Njegovoj prirodi.

Zlatne ulice

Sa svake strane Reke vode života su ulice koje svima omogućavaju da lako nađu presto Božji na bezgraničnom nebu. Reka vode života izvire iz prestola Božjeg i Jagnjetovog, protiče kroz grad Novi Jerusalim i svih mesta boravka na nebu, i vraća se do prestola Božjeg.

I pokaza mi čistu reku vode života, bistru kao kristal, koja izlažaše od prestola Božijeg i Jagnjetovog. Nasred ulica njegovih i s obe strane reke drvo života, koje rađa dvanaest rodova dajući svakog meseca svoj rod; i lišće od drveta beše za isceljivanje narodima (Otkrivenje Jovanovo 22:1-2).

Duhovno, „voda" simbolizuje Reč Božju, i pošto dobijemo život kroz Njegovu Reč i idemo putem večnog života kroz Isusa Hrista, voda života teče od prestola Božjeg i Jagnjetovog.

Štaviše, pošto Reka vode života okružuje nebo, mi lako možemo da dođemo do Novog Jerusalima samo prateći zlatne ulice na svakoj strani Reke.

Značaj zlatnih ulica

Zlatne ulice se ne prostiru samo u Novom Jerusalimu, već i kroz sva mesta na nebu. Međutim, baš kao što se i blistavost, materijali i lepota razlikuju od mesta do mesta, blistavost zlatnih ulica se takođe razlikuje na svakom mestu boravka.

Čisto zlato na nebu, za razliku od zlata na ovoj zemlji, nije meko već je čvrsto. Ipak, kada hodamo ovim zlatnim ulicama, osetićemo veliku mekoću. Štaviše, na nebu nema prašine ili nečega prljavog, i pošto se ništa nikada ne pohaba, zlatne ulice nikada ne mogu biti oštećene. Na svakoj strani ulice cveta lepo cveće i ono pozdravlja Božju decu koja hodaju ulicama.

Šta je, onda, značaj i razlog pravljenja ulica od čistog zlata? To je da nas podseti da što su im čistija srca, na boljem mestu na nebu će živeti. Štaviše, pošto možemo da uđemo u Novi Jerusalim samo kada napredujemo ka Gradu sa verom i nadom, Bog je napravio ulice od čistog zlata, koje ima značenje duhovne vere i poletne nade rođene iz ove vere.

Cvetni putevi

Baš kao što ima razlike u šetnjama po sveže pokošenom travnjaku, kamenju, popločanim putevima, i tako dalje, ima razlike u šetnjama po zlatnim ulicama i cvetnim putevima. Ima i drugih puteva napravljenih od dragog kamenja, i ima razlike u sreći koja se oseća dok hodamo po njima. Mi takođe primećujemo razliku u udobnosti između različitih sredstava prevoza kao što su avion, voz ili autobus, a to je isto i na nebu. Ići putem pešice se potpuno razlikuje od automatskog prevoza Božjom moći.

Cvetni putevi na nebu nemaju cveće sa svake strane puta zato što su sami putevi napravljeni od cveća tako da ljudi mogu da hodaju po cveću. To daje osećaj mekoće i lepršavosti kao hodanje po mekom tepihu bosim stopalima. Cveće ne može da se ošteti ili da uvene zato što su naša tela duhovna tela koja su vrlo laka, pa cveće nije izgaženo.

Štaviše, nebesko cveće se raduje i odaje svoje mirise kada Božja deca hodaju po njemu. Tako da kada oni hodaju po cvetnim putevima, mirisi se upijaju u njihovo telo tako da će njihova srca biti blažena, osvežena i srećna.

Putevi dragog kamenja

Putevi su napravljeni od dragog kamenja sa mnogo vrsta bleštavih boja i puni lepe svetlosti, i što je još interesantnije, oni sijaju još lepšim svetlom kada duhovna tela hodaju po njima. Čak i drago kamenje odaje miris, a sreća i radost koje osećaju su neshvatljive. Takođe, mi možemo da osetimo blagu jezu kada hodamo po putevima od dragog kamenja zato što je osećaj kao kada hodamo po vodi. Ipak, ovo ne znači da ćemo imati osećaj kao da tonemo u vodu ili se davimo, već umesto toga osećaćemo uzbuđenje na svakom koraku uz malo napora.

Međutim, možemo da nađemo puteve od dragulja samo na određenim mestima na nebu. Drugim rečima, oni su nagrada u i oko kuće onih koji sliče srcu Gospodnjem i puno su doprineli ispunjavanju Božjeg proviđenja ljudske kultivacije. To je kao što je u kraljevskom dvorcu ili palati čak i mali prolaz ukrašen elegantnim dekoracijama napravljenim od najkvalitetnijih materijala.

Ljudi se ne umore i nisu prezasićeni ničim na nebu već sve vole zauvek zato što je to duhovni svet. Takođe, oni osećaju veću radost i sreću jer je čak i u nekoj tako maloj stvari ugrađen duhovni značaj, i ljudska ljubav i divljenje u skladu sa time rastu.

Kako lep i veličanstven je Novi Jerusalim! Bog ga je pripremio Svojoj voljenu decu. Čak i ljudi u Raju i u Prvom, Drugom i Trećem nebeskom kraljevstvu veoma se raduju i postaju zahvalni kada sa pozivnicom uđu kroz biserne kapije u Novi Jerusalim.

Da li možete da zamislite koliko će zahvalnija i radosnija biti deca Božja zbog činjenice da su stigli u Novi Jerusalim kao ishod što su odano sledili Gospoda, put istine?

Tri ključa za ulazak u grad Novi Jerusalim

Novi Jerusalim je u obliku kocke širine, dužine i visine od po 2400 km. Gradski zid ima ukupno dvanaest kapija i dvanaest kamenova temeljaca. Gradski zid, dvanaest kapija, i dvanaest kamenova temeljaca imaju duhovna značenja. Ako razumemo ova značenja i ispunimo ih u našim srcima, možemo da imamo duhovnu kvalifikaciju za ulazak u Novi Jerusalim. U ovom smislu, ova duhovna značenja su ključ za ulazak u grad Novi Jerusalim.

Prvi ključ za ulazak u Novi Jerusalim je sakriven u gradskom zidu. Kao što je zapisano u Otkrivenju Jovanovom 21:18: „*I beše građa zidova njegova jaspis, i grad zlato čisto, kao čisto staklo,*" gradski zid je napravljen od jaspisa, što duhovno simbolizuje veru da udovoljimo Bogu.

Vera je najosnovnija i suštinska stvar u hrišćanskom životu. Bez vere mi ne možemo da budemo spašeni i da udovoljimo Bogu. Da bi ušli u grad Novi Jerusalim, moramo da imamo veru da udovoljimo Bogu – peti nivo vere, što je najveći nivo vere. Dakle, prvi ključ je peti nivo vere – vera da se udovolji Bogu.

Drugi ključ se nalazi u dvanaest kamenova temeljaca. Ujedinjenje duhovnih srca predstavljeno sa dvanaest kamenova temeljaca je savršena ljubav, i ova savršena ljubav je drugi ključ do Novog Jerusalima.

Dvanaest temelja je napravljeno od dvanaest različitih dragih kamenova. Svaki dragi kamen na dvanaest temelja simbolizuje specifičnu vrstu duhovnog srca. To su srca vere, pravednosti, požrtvovanja, ispravnosti, odanosti, strasti, milosti, strpljenja, dobrote, samokontrole, čistote i nežnosti. Kada ujedinimo sva ova obeležja, to postaje srce Isusa Hrista i Boga Oca koji je sama ljubav. Kada sumiramo, drugi ključ za ulazak u Novi Jerusalim je savršena ljubav.

Treći ključ sakriven u Gradu Novi Jerusalim je dvanaest bisernih kapija. Kroz ovaj biser, Bog želi da mi shvatimo kako možemo da uđemo u Novi Jerusalim. Biser je mnogo drugačije napravljen od drugog dragog kamenja. Svo zlato, srebro i dragoceno kamenje koje čini 12 kamenova temeljaca, oni svi potiču sa zemlje. Ali je jedinstveno da biser pravi živo biće.

Većina bisera prave biserne ostrige. Biserna ostriga trpi bol i luči sedef da napravi biser. Na isti način, Božja deca isto moraju da istraju u bolu sve dok ne povrate potpuno Božji lik.

Bog Otac želi da dobije ovu decu koja se ne uprljaju ponovo nakon što su oprana krvlju Isusa Hrista, već savršenom verom udovoljavaju Bogu Ocu. Imati ovu savršenu veru zahteva od nas da imamo iskreno srce. Mi možemo da imamo iskreno srce onda kada uklonimo sve grehove i zlo iz našeg srca I umesto toga ga ispunimo dobrotom i ljubavlju.

Zbog toga nam Bog dozvoljava iskušenja vere sve dok nemamo iskreno srce i savršenu veru. On nam daje da otkrijemo grehove i zlo u svojim srcima u različitim situacijama. Kada pronađemo naše grehove i zlo, mi ćemo osetiti bol u našem srcu. To je kao kad oštar uljez uđe u ostrigu i zabije se u meko meso. Baš kao što na isti način biserna ostriga pokriva neželjenog uljeza sedefom sloj za slojem, dodajući debljinu sloj za slojem, kada mi prolazimo kroz iskušenja sa verom, sedef naših srca će postati deblji. Kao što biserna ostriga pravi biser, mi vernici takođe moramo da napravimo duhovni biser da bi otišli u Novi Jerusalim. Ovo je treći ključ za ulazak u Novi Jerusalim.

Želim da vi razumete duhovna značenja utisnuta u gradskim zidovima Novog Jerusalima, dvanaest kapija zidova i dvanaest kamenova temeljaca, i da imate ta tri ključa za ulazak u Novi Jerusalim imajući duhovne kvalifikacije.

Poglavlje 7

Čaroban prizor

1. Nema potrebe za sunčevim zrakom i mesečevim sjajem
2. Ushićenje Novim Jerusalimom
3. Zauvek postojati sa Gospodom našim mladoženjom
4. Slava stanovnika Novog Jerusalima

„I crkve ne videh u njemu: jer je njemu crkva Gospod Bog Svedržitelj, i Jagnje. I grad ne potrebuje ni sunce ni mesec da svetle u njemu; jer ga slava Božija prosvetli, i žižak je njegov Jagnje. I narodi koji su spaseni hodiće u videlu njegovom, i carevi zemaljski doneće slavu i čast svoju u njega. I vrata njegova neće se zatvarati danju, jer onde noći neće biti; i doneće slavu i čast neznabožaca u njega; i neće u njega ući ništa pogano, i što čini mrzost i laž, nego samo koji su napisani u životnoj knjizi Jagnjeta."

- Otkrivenje Jovanovo 21:22-27 -

Apostol Jovan, kome je Sveti Duh pokazao Novi Jerusalim, zapisao je izgled Grada do detalja dok je odozgo, sa višeg mesta, gledao na njega. Jovan je dugo vremena žudio da vidi unutrašnjost Novog Jerusalima, i kada je konačno video unutrašnjost Grada čiji izgled je bio tako lep, to ga je dovelo u stanje ekstaze.

Ako imamo kvalifikacije da uđemo u Novi Jerusalim i stanemo ispred kapije, mi ćemo moći da vidimo otvorenu lučno oblikovanu bisernu kapiju, koja je nam sama toliko velika da joj se ne vide krajevi.

U tom trenutku, neopisivo lepa svetlost iz Grada Novog Jerusalima izlazi i okružuje naša tela. Osećamo veliku ljubav Božju u momentu i ne možemo da kontrolišemo suze koje liju potocima.

Osećajući preplavljujuću ljubav Boga Oca koji nas štiti Njegovim plamenim očima, milost Gospoda koji nam je oprostio Njegovom krvlju na krstu, i ljubav Svetog Duha koji boravi u našim srcima, koji nas je vodio da živimo u istini, mi odajemo beskonačnu slavu i poštovanje.

Dozvolite nam da istražimo detalje o Gradu Novom Jerusalimu bazirane na proceni apostola Jovana.

1. Nema potrebe za sunčevim zrakom i mesečevim sjajem

Apostol Jovan, gledajući unutrašnji prizor Novog Jerusalima

koji je bio ispunjen Božjom slavom, priznao je sledeće:

> *I grad ne potrebuje ni sunce ni mesec da svetle u njemu; jer ga slava Božija prosvetli, i žižak je njegov Jagnje* (Otkrivenje Jovanovo 21:23).

Novi Jerusalim je ispunjen Božjom slavom pošto Bog Lično boravi tu i vlada Gradom, i to je vrhunac duhovnog kraljevstva na kome je Bog sebe stvorio u Trojstvo zbog ljudske kultivacije.

Božja slava sija u Novom Jerusalimu

Razlog zbog koga je Bog postavio mesec i sunce na ovu zemlju je da bismo mi prepoznali dobro i zlo, i razaznali duh od tela kroz svetlost i tamu kako bi mogli da živimo kao iskrena Božja deca. On zna sve o duhu i telu, i dobru i zlu, ali ljudska bića ne mogu da shvate ove stvari bez ljudske kultivacije zato što su oni samo stvorenja.

Kada je prvi čovek Adam bio i Edenskom vrtu pre početka ljudske kultivacije, on nije nikada mogao da spozna zlo, smrt, tamu, siromaštvo, ili bolest. Zbog toga on nije mogao da shvati pravo značenje i radost života ili da bude zahvalan Bogu koji mu je dao sve, mada je njegov život bio u izobilju.

Zbog ovoga, da bi Adam spoznao pravu sreću, on je morao da prolije suze, žali, pati od bola i bolesti i iskusi smrt, a ovo je proces ljudske kultivacije. Molim vas pogledajte u *Poruci sa Krsta* za više detalja.

Najzad, Adam je počinio greh neposlušnosti time što je jeo sa drveta spoznaje dobra i zla, bio je izbačen na ovu zemlju, i iskusio je ralativnost. Samo posle toga mogao je da razume koliko je obilan, srećan i lep njegov život bio u Edenskom vrtu, i mogao je da zahvali Bogu svojim iskrenim srcem.

Njegovi potomci su takođe mogli da razlikuju svetlost i tamu, duh i telo, i dobro od zla kroz ljudsku kultivaciju dok su prolazili kroz mnoge nevolje. Zato, jednom kada primimo spasenje i odemo na nebo, svetlost sunca ili meseca koja je bila potrebna za ljudsku kultivaciju neće više biti potrebna.

Pošto Bog Lično boravi u Gradu Novi Jerusalim, tamo uopšte nema tame. Štaviše, svetlo Božje slave sija najviše u Novom Jerusalimu; sasvim prirodno, Grad nema potrebe za suncem ili za mesecom, ili za ikakvom lampom ili svetlom da ga obasjava.

Jagnje koje je lampa Novog Jerusalima

Jovan nije mogao da pronađe ništa što odaje svetlost poput sunca ili meseca, ili bilo koju vrstu sijalica. To je zbog toga što je Isus Hrist, koji je Jagnje, postao lampa u Gradu Novom Jerusalimu.

Pošto je Adam počinio greh neposlušnosti, ljudska rasa je morala da padne na put smrti (Poslanica Rimljanima 6:23). Bog ljubavi poslao je Isusa na ovu zemlju da razreši ovaj problem greha. Isus, Sin Božji koji je došao u telu na ovu zemlju, očistio je naše grehe prolivajući Svoju krv, i postao je prvi plod uskrsnuća pobedivši moć smrti.

Kao ishod, svi oni koji prihvate Isusa kao svog ličnog spasitelja dobijaju život i mogu da sudeluju u uskrsnuću, uživaju u večnom životu na nebu, i prime odgovore na šta god da pitaju na ovoj zemlji. Štaviše, Božja deca mogu sada da postanu svetlost ovog sveta živeći i sami u svetlosti, i mogu da daju slavu Bogu kroz Isusa Hrista. Drugim rečima, kako lampa može da daje svetlost, svetlo Božje slave sija mnogo jače kroz Spasitelja Isusa.

2. Ushićenje Novim Jerusalimom

Kada pogledamo u grad Novi Jerusalim izdaleka, možemo da vidimo lepe zgrade napravljene od mnogih vrsta dragocenog kamenja i zlata kroz oblake slave. Čini se da je celi Grad živ sa mešavinom mnogih vrsta svetlosti: svetlost izlazi iz kuća napravljenih od dragog kamenja; svetlost Božje slave; i svetlost koja dolazi iz zidova napravljenih od jaspisa i čistog zlata jasnih i plavičastih boja.

Kako možemo najbolje da izrazimo rečima emocije i uzbuđenje pri ulasku u Novi Jerusalim? Grad je tako lep, veličanstven i zanosan van naše mašte. U centru Grada je Božji presto, izvor Reke vode života. Oko Božjeg prestola ona su kuće Ilije, Enoha, Avrama, i Mojsija, Marije Magdalene i Device Marije, svih onih koje je Bog veoma mnogo voleo.

Zamak Gospodnji

Zamak Gospodnji je smešten na desnoj strani i niže od Božjeg prestola, gde Bog boravi na bogosluženjima ili banketima u Gradu Novom Jerusalimu. U Gospodnjem zamku, ima ogromna zgrada sa zlatnim krovom u sredini, i okolo njega se u beskonačnost šire mnoge različite zgrade. Naročito ima mnogo krstova slave, okruženih blistavim svetlima, nad zlatnim krovovima u obliku kupola. Oni nas podsećaju na činjenicu da smo dobili spasenje i da smo stigli na nebo zato što je Isus uzeo krst.

Velika zgrada u centru je građevina oblika valjka, ali pošto je ukrašena sa mnogo prefinjeno obrađenih dragulja, divna svetlost sija iz svakog dragulja i meša se da napravi boje duge. Ako treba da uporedimo Gospodov zamak sa bilo kojom ljudskom rukom napravljenom zgradom na zemlji, najviše liči na katedralu Svetog Vasilija u Moskvi, u Rusiji. Međutim, stil, materijal i veličina nikako se ne može uporediti sa najveličanstvenijom zgradom ikad dizajniranom ili izgrađenom na ovoj zemlji.

Osim ove zgrade u centru, ima mnogo zgrada u zamku Gospodnjem. Bog Otac je Lično obezbedio ove zgrade tako da oni koji imaju bliske duhovne odnose mogu da borave sa svojim voljenima. Kuće dvanaest učenika su poređane u liniji, okrenute prema zamku Gospodnjem. Napred su kuće Petra, Jovana i Jakova, a kuće ostalih učenika su iza njih. Ono šta je posebno je da u Gospodovom zamku ima mesta za Mariju Magdalenu i Devicu Mariju da tamo borave. Naravno, ova mesta su da te dve žene borave privremeno kada ih pozove Gospod, a njihova prava boravišta koja liče na zamak, smeštena su blizu Božjeg prestola.

Zamak Svetog Duha

Sa leve strane i niže od Božjeg prestola je zamak Svetog Duha. Ovaj ogroman zamak predstavlja blage i meke, majčinske karakteristike Svetog Duha sa mnogo zgrada različitih veličina, skladno oblikovanih u kupolu.

Krov najveće zgrade u centru zamka je kao jedan veliki deo

sarda, koji predstavlja strast. Okolo ove zgrade teče Reka vode života koja izvire iz prestola Božjeg i zamka Gospodovog.

Svi zamkovi u Novom Jerusalimu su nemerljivo veliki i veličanstveni, ali zamkovi Gospoda i Svetog Duha su posebno veličanstveni i lepi. Njihova veličina je približnija veličini nekog grada nego zamka, i oni su izgrađeni u posebnom stilu. Ovo je zato što, za razliku od drugih kuća koje su izgradili anđeli, njih je izgradio Lično Bog Otac. Štaviše, kao zamak Gospodnji, i kuće onih koji su se ujedinili sa Svetim Duhom i ispunili Božje kraljevstvo u eri Svetog Duha, izgrađene su divno oko zamka Svetog Duha.

Veliki Hram

Ima mnogo zgrada koje se grade okolo zamka Svetog Duha, i posebno ima jedna veličanstvena i velika zgrada. Ona ima okrugli krov i dvanaest velikih stubova, i ima dvanaest velikih kapija između stubova. Ovo je Veliki Hram napravljen po uzoru na grad Novi Jerusalim.

Međutim, Jovan u Otkrivenju Jovanovom 21:22, kaže: *„I crkve ne videh u njemu: jer je njemu crkva Gospod Bog Svedržitelj, i Jagnje."* Zašto Jovan nije mogao da vidi crkvu? Ljudi obično misle da je Bogu potrebno mesto za boravak, npr. u zamku na način na koji nama treba mesto stanovanja. Zato, na ovoj zemlji, mi Mu služimo u hramovima gde se Reč Božja propoveda.

Kao što je potvrđeno u Jevanđelju po Jovanu 1:1: *„U početku beše Reč, i Reč beše u Boga, i Bog beše Reč,"* gde je Reč, tamo je Bog; gde god da je Reč propovedana tamo je hram. Međutim,

Bog lično boravi u Gradu Novom Jerusalimu. Bog, koji je Sama Reč, i Gospod koji je jedan sa Bogom, borave u Gradu Novom Jerusalimu, tako da nijedan drugi hram nije potreban. Dakle, preko apostola Jovana, Bog nam daje do znanja da nijedan hram nije potreban i da su Bog i Gospod taj hram u Novom Jerusalimu.

Onda, ostalo nam je da se pitamo, zašto se Veliki Hram koji nije bio tu tokom Jovanovog vremena, gradi danas? Kao što nalazimo u Delima Apostolskim 17:24: *„Bog koji je stvorio svet i sve što je u njemu, On budući Gospodar neba i zemlje, ne živi u rukotvorenim crkvama,"* Bog ne boravi u zgradi neke određene crkve.

Isto tako, iako je Božji presto na nebu, On i dalje želi da izgradi Veliki Hram koji predstavlja Njegovu slavu; Veliki Hram postaje čvrst dokaz u pokazivanju Božje moći i slave širom sveta.

Danas ima mnogo veličanstvenih i velikih zgrada na ovoj zemlji. Ljudi investiraju ogromne svote novca i grade prelepe građevine za sopstvenu slavu u skladu sa svojim željama, ali niko ne čini to isto za Gospoda, koji je zaista vredan slavljenja. Zato Bog želi da izgradi ovaj divan i veličanstveni Veliki Hram kroz Njegovu decu koja su primila Svetog Duha i postala posvećena. On, onda, želi da Ga sa ovim dosledno slave ljudi svih nacija (1 Knjiga Dnevnika 22:6-16).

Slično tome, kada Veliki Hram bude izgrađen na način na koji to Bog želi, svi ljudi svih nacija će slaviti Boga i pripremiće sebe za mlade Gospodove da Ga prime. Zbog toga je Bog pripremio Veliki Hram kao centar evangelizacije da povede bezbrojne ljude ka putu spasenja, i da ih povede u Novi Jerusalim na kraju vremena. Ako shvatimo ovo proviđenje Božje, izgradimo Veliki

Hram, i slavimo Boga, On će nas nagraditi u skladu sa našim delima i izgradiće istovetan Veliki Hram u Gradu Novom Jerusalimu.

Otuda, kada gledamo Veliki Hram napravljen od dragog kamenja i zlata koji ne mogu da se uporede ni sa jednim zemaljskim materijalom, oni koji uđu na nebo biće večno zahvalni za Božju ljubav koja nas je vodila na putu slave i blagoslova kroz ljudsku kultivaciju.

Nebeske kuće ukrašene dragim kamenjem i zlatom

Oko zamka Svetog Duha su kuće koje su ukrašene mnogim vrstama dragog kamenja, i ima mnogo kuća koja su još u izgradnji. Možemo da vidimo mnogo uposlenih anđela koji tu i tamo nameštaju divno drago kamenje ili čiste prostor oko kuća. Na ovaj način Bog daje nagrade u skladu sa delima svakog pojedinca i stavlja ih u njegovu ili njenu kuću.

Bog mi je jednom pokazao kuće dvoje veoma odanih službenika ove crkve. Jedna od njih je bila izvor velike snage crkve moleći se dan i noć za kraljevstvo Božje, pa je njena kuća izgrađena sa mirisom molitve i istrajnosti, i od ulaza je ukrašena sjajnim dragim kamenjem.

Takođe, da bi smestio njene slatke osobine, u jednom uglu bašte se nalazi sto za kojim može da pije čaj sa svojim voljenima. Ima mnogo vrsta sitnog cveća različitih boja na travnjaku. Ovo opisuje samo ulaz u baštu kuće te osobe. Da li možete da zamislite koliko veličanstvenija će biti glavna zgrada?

Druga kuća koju mi je Bog pokazao pripada radnici koja se posvetila književnoj evangelizaciji na ovoj zemlji. Mogao sam da vidim jednu sobu među mnogim u glavnoj zgradi. U toj sobi se nalazi sto, stolica i svećnjak, sve napravljeno od zlata, i mnogo knjiga. Ovo je da nagradi i u znak sećanja na njena rad u slavljenju Boga kroz literarnu evangelizaciju, i zato što Bog zna da ona veoma uživa u čitanju.

Takođe, Bog ne samo da sprema naše nebeske kuće već nam i daje takve divne predmete koje ne možemo ni da zamislimo kako bi nas nagradio što smo ostavili i napustili naša zemaljska zadovoljstva na ovoj zemlji da bi se potpuno posvetili ispunjenju Božjeg kraljevstva.

3. Zauvek postojati sa Gospodom našim mladoženjom

U Gradu Novi Jerusalim, konstantno se održava mnogo banketa, uključujući i onaj koji održava Bog Otac. To je zato što oni koji žive u Novom Jerusalimu mogu da pozovu braću i sestre koji žive na drugim mestima na nebu.

Koliko će to uzvišeno i srećno biti ako možete da živite u Novom Jerusalimu i da vas pozove Gospod da delite ljubav sa Njim i prisustvujete ugodnim banketima!

Topla dobrodošlica u Gospodovom zamku

Kada ljude u Novom Jerusalimu pozove Gospod njihov mladoženja, oni se ukrašavaju kao najlepše mlade i radosnih srca se okupljaju u Gospodovom zamku. Kada ove Gospodove mlade stignu u Njegov zamak, dva anđela sa svake strane blistave glavne kapije učtivo im požele dobrodošlicu. Tada miris iz zidova ukrašenih mnogim dragim kamenjem i cveće okružuju njihova tela da bi doprineli njihovoj radosti.

Odmah po ulasku kroz glavnu kapiju, zvuk hvalospeva koji dodiruje najdublju stranu duha slabo se čuje. Onda, pošto čuju ovaj zvuk, mir, radost i zahvalnost za Božju ljubav preplavljuju njihova srca zato što znaju da ih je On doveo tamo.

Dok hodaju zlatnim putem jasnim kao staklo da dođu do glavne zgrade, u pratnji anđela prolaze pored mnogih lepih zgrada i bašta. Sve dok ne stignu do glavne zgrade, njihovo srce bije u nadi da će videti Gospoda. Kako prilaze glavnoj zgradi, sada već mogu da vide Samog Gospoda koji čeka da ih primi. Suze blokiraju njihov pogled ali oni trče ka Gospodu u iskrenoj želji da Ga vide makar i sekundu ranije. Gospod ih čeka širom raširenih ruku i, licem punim ljubavi i blaženosti, On grli svakog od njih.

Gospod im kaže: „Dođite, Moje prelepe mlade! Vi ste više nego dobrodošli!" Oni koji su pozvani priznaju svoju ljubav u Njegovom naručju, govoreći: „Ja sam zahvalan iz dubine moga srca što si me pozvao!" Onda, oni šetaju tamo amo sa rukom u ruci sa Gospodom poput duboko zaljubljenog para i imaju prijatne razgovore za kojima su žudeli još dok su živeli na ovoj zemlji. Sa desne strane glavne zgrade je veliko jezero, i Gospod objašnjava do detalja Njegova osećanja i okolnosti vremena Njegovog službovanja na zemlji.

Pored jezera koje podseća na more Galilejsko

Zašto ih ovo jezero podseća na more Galilejsko? Bog je napravio ovo jezero u znak sećanja zato što je Gospod počeo i uradio je mnogo tokom Njegovog službovanja oko Galilejskog mora (Jevanđelje po Mateju 4:23). U Isaiji 9:1, čitamo: *"Ali neće se onako zamračiti pritešnjena zemlja kao pre kad se dotače zemlje Zavulonove i zemlje Neftalimove, ili kao posle kad dosađivaše na putu k moru s one strane Jordana Galileji neznabožačkoj."* Bilo je prorečeno da će Gospod početi sa Svojim službovanjem na moru Galilejskom, i proročanstvo se ispunilo.

Mnoge ribe koje ispuštaju svetlosti različitih boja plivaju u ovom velikom jezeru. U Jevanđelju po Jovanu 21 uskrsli Gospod pojavio se pred apostolom Pavlom koji nije uhvatio ni jednu ribu i rekao mu je: *"Bacite mrežu s desne strane lađe, i naći ćete"* (stih 6), a kada je Petar to i učinio, uhvatio je 153 ribe. U jezeru u zamku Gospodovom ima takođe 153 riba, i ovo je takođe u sećanje na Gospodovo službovanje. Kada ove ribe iskoče u vazduh i učine neodoljive trikove, njihova boja se menja na mnogo načina kako bi doprinela radosti i zadovoljstvu pozvanih.

Gospod šeta po ovom jezeru baš kao što je to činio u moru Galilejskom na ovoj zemlji. Onda, oni koji su pozvani će stajati okolo jezera sa zadovoljstvom i žudiće da čuju Gospodovo propovedanje. On objašnjava do detalja situaciju kada je šetao po moru Galilejskom na ovoj zemlji. Onda, Petar, koji je mogao da hoda po vodi samo na momenat na ovoj zemlji povinovavši se Reči Gospodovoj, biće tužan što je potonuo u vodu zbog male vere (Jevanđelje po Mateju 14:28-32).

Muzej u čast Gospodovog službovanja

Posećujući različita mesta sa Gospodom, ljudi sada misle o vremenu njihove kultivacije na ovoj zemlji, i preplavljeni su ljubavi Oca i Gospoda koji su pripremili nebo. Oni dolaze do muzeja na levoj strani glavne zgrade u Gospodovom zamku. Bog Otac ga je Lično izgradio u znak sećanja na Gospodovo službovanje na zemlji kako bi ljudi mogli da vide i osete ga kao stvarnost. Na primer, mesto gde je Isusa osudio Pontije Pilat i Via Dolorosa gde je On nosio krst gore do Golgote su ponovo na isti način izgrađeni. Kada ljudi vide ova mesta, Gospod detaljno objašnjava tadašnje situacije.

Pre kratkog vremena, inspirisan Svetim Duhom, došao sam do saznanja šta je Gospod tada ispovedio, i želeo bih da deo toga podelim sa vama. To je iskrena ispovest Gospodnja, koji je došao na ovu zemlju nakon što je napustio svu slavu na nebu, koju je On učinio dok se peo na Golgotu sa krstom.

Oče! Moj Oče!
Moj Oče, koji si savršen u svetlosti,
Ti zaista sve voliš!
Zemlja na koju sam Ja stao
prvi put sa Tobom,
i ljudi,
još od kako su stvoreni,
sada su toliko iskvareni...

Sada Ja shvatam
zašto si me Ti poslao ovde,
zašto si mi Ti dozvolio ova iskušenja
koja su došla iz iskvarenih srca ljudi,
i zašto si mi Ti dozvolio da dođem ovde dole
sa veličanstvenog mesta na nebu!

Sada Ja mogu da osetim i razumem
sve ove stvari
u dubini Moga srca.

Ali Oče!
Ja znam da ćeš Ti sve naknaditi
u Tvojoj pravdi i skrivenim tajnama.
Oče!
Sve ove stvari su trenutne.
Ali zbog slave
Ti ćeš dati Mene,
i puteve svetlosti
koje si Ti otvorio za ove ljude,
Oče,
Ja uzimam ovaj krst sa nadom i radošću.

Oče, Ja sam sposoban da idem ovim putem
zato što Ja verujem
da ćeš Ti otvoriti ovaj put i svetlo
sa Tvojom dozvolom i u Tvojoj ljubavi,
i Ti ćeš obasjati Tvog Sina
divnim svetlima
kada se sve ove stvari završe
za kratko vreme.

Oče!
zemlja po kojoj sam Ja nekada gazio je napravljena od zlata,
putevi po kojima sam Ja hodao su takođe od zlata,
mirisi cveća koje sam Ja nekada mirisao

Raj II

ne mogu se uporediti sa
onim na ovoj zemlji,
materijali odeće
koje sam Ja nosio
su tako drugačiji od ovih,
a mesto na kojem sam Ja živeo je
tako veličanstveno mesto.
I Ja bih želeo da ovi ljudi
upoznaju ovo lepo i mirno mesto.

Oče,
Ja shvatam svaki deo Tvog proviđenja.
Zašto si Me Ti rodio,
zašto si Mi Ti dao ovu dužnost,
i zašto si mi Ti dozvolio da dođem ovde dole
da stupim na ovu iskvarenu zemlju,
i da čitam misli iskvarenih ljudi.
Ja slavim Tebe Oče,
zbog Tvoje ljubavi, veličine,
i svih ovih stvari koje su bez mane.

Moj dragi Oče!
Ljudi misle da se Ja ne branim,
da tvrdim da sam kralj Jevreja
Ali Oče,
kako oni mogu da shvate uspomene
koje izlaze iz Mog srca,
ljubav za Oca koja izlazi iz Mog srca,
ljubav za ove ljude

koja izlazi iz Mog srca?

Oče,
mnogi ljudi će shvatiti i razumeti
stvari koje će se kasnije dogoditi
kroz Sveti Duh
Ti ćeš im dati kao poklon
nakon što Ja odem.
Zbog ovog momentalnog bola,
Oče, ne prolivaj suze
i ne odvraćaj Tvoje lice od Mene.
Ne dozvoli da Tvoje srce bude ispunjeno bolom,
Oče!

Oče, Ja te volim!
Sve dok ne budem razapet,
prolijem Moju krv i izdahnem Moj poslednji dah,
Oče, Ja mislim o svim stvarima
i o srcu ovih ljudi.

Oče, nemoj da žališ
već budi slavljen kroz Svog Sina,
i proviđenje i svi planovi Oca
biće potpuno ispunjeni sad i navek.

Gospod Isus objašnjava šta je bilo u Njegovim mislima dok je bio na krstu; slavu neba; Sebe dok stoji ispred Oca; ljude; razlog zašto je Otac morao Njemu dati tu dužnost, i tako dalje.

Oni koji su pozvani u zamak Gospodnji prolivaju suze dok

slušaju ovo i zahvaljuju Gospodu sa suzama što je poneo krst u njihovu korist, i priznaju iz dubine svojih srca: „Moj Gospode, Ti jesi moj iskreni Spasitelj!"

U sećanje na Gospodova teškoće, Bog je napravio mnogo puteva od dragog kamenja u zamku Gospodovom. Kada neko šeta ovim putevima izgrađenim i ukrašenim mnogim dragim kamenjem različitih boja, svetlosti postaju svetlije i dobija se osećaj hodanja po vodi. Štaviše, u znak sećanja na raspeće na krstu radi iskupljenja ljudskih bića od njihovih grehova, tamo je Bog Otac napravio drveni krst umazan krvlju. Tu je i štala Vitlejemska u kojoj je Gospod rođen, i ima mnogo stvari da se vide i da se oseti Gospodovo službovanje kao stvarnost. Kada ljudi posete ova mesta, oni mogu da jasno vide i čuju o Gospodovom delu tako da mogu dublje da osete ljubav Gospoda i Oca i daju slavu i zahvalnost za navek.

4. Slava stanovnika Novog Jerusalima

Novi Jerusalim je najdivnije mesto na nebu dato kao nagrada onima koji su dostigli posvećenost u njihovim srcima i bili odani u celoj Božjoj kući. Otkrovenje Jovanovo 21:24-26, govori nam kakvi ljudi dobijaju slavu ulaska u Novi Jerusalim:

> *I narodi koji su spaseni hodiće u videlu njegovom, i kraljevi zemaljski doneće slavu njihovu u njega. I vrata njegova neće se zatvarati danju, jer onde noći neće biti; i oni će doneti slavu i čast nacija u njega.*

Narod će hodati u njegovoj svetlosti

Ovde se „narodi" odnosi na sve ljude koji su spašeni bez obzira na njihovu etničko poreklo. Iako se kod ljudi državljanstvo, rasa i druga obeležja razlikuju od osobe do osobe, jednom kada su spašeni kroz Isusa Hrista, svi ono postaju Božja deca sa pravom boravka u nebeskom kraljevstvu.

Zato, izraz „narodi će hodati u njegovoj svetlosti" znači da će sva Božja deca hodati u svetlu Božje slave. Međutim, neće sva deca Božja imati slavu da slobodno dođu u grad Novi Jerusalim. To je zbog toga što oni koji borave u Raju, Prvom, Drugom, i Trećem kraljevstvu Nebeskom mogu da uđu u Novi Jerusalim samo na osnovu pozivnice. Samo oni koji su potpuno posvećeni i bili su odani u celoj Božjoj kući mogu da imaju tu čast da zauvek vide Boga Oca licem u lice u Novom Jerusalimu.

Kraljevi zemaljski će doneti njihovu slavu

Fraza „kraljevi zemaljski" se odnosi na one koji su nekada bili duhovne vođe na ovoj zemlji. Oni sijaju kao dvanaest dragih kamenovana temeljaca zidova Novog Jerusalima i imaju kvalifikacije da večito borave u Gradu. Slično tome, oni koje Bog priznaje, kada stanu ispred Njega, doneće sa sobom darove koje su pripremili svim svojim srcem. Pod „darovima" mislim na sve sa čime su davali slavu Bogu svojim srcem koje je čisto i jasno kao kristal.

Zato, „kraljevi zemaljski će doneti njihovu slavu u njega" znači da će oni pripremiti kao darove sve stvari na kojima su istrajno radili za Božje kraljevstvo i odavali Mu slavu, i sa njima će ući u Novi Jerusalim.

Kraljevi zemaljski daju darove kraljevima veće i jače nacije kao način laskanja, ali dar Bogu je dat sa zahvalnošću jer ih je vodio ka putu spasenja i večnog života. Bog radosno prima ovaj dar i nagrađuje ih sa čašću da zauvek ostanu u Gradu Novom Jerusalimu.

U Novom Jerusalimu nema tame zato što Bog, koji je Sam svetlost, boravi tamo. Pošto tamo nema noći, zla, smrti ili lopova, nije potrebno da se zatvaraju kapije Novog Jerusalima. Ipak, razlog iz koga Biblija kaže „danju" je zato što smo mi ograničeni u znanju i kapacitetu da potpuno razumemo nebo.

Donositi slavu i čast nacija

Onda, šta znači izraz: „Oni će doneti slavu i čast nacija u njega"? „Oni" se ovde odnosi na sve one, iz svih nacija sveta, koji su primili spasenje i „oni će doneti slavu i čast nacija u njega" znači da će ovi ljudi doći u Novi Jerusalim sa delima sa kojima su dali slavu Bogu, dok su odavali aromu Isusa Hrista na ovoj zemlji.

Kada dete naporno uči i njegove ocene rastu, ono će se hvaliti svojim roditeljima. Roditelji će biti srećni zbog njega i biće ponosni na naporni trud njihovog deteta, čak iako on možda nema najbolje ocene. Isto tako, do one mere do koje mi na ovoj zemlji činimo sa verom za carstvo Božje, toliko mi odajemo miris Isusa Hrista i dajemo slavu Bogu, i On je sa radošću prima.

Gore je spomenuto „kraljevi zemaljski doneće slavu njihovu u njega," i prvi razlog zbog koga piše „kraljevi zemaljski" je da nam pokaže duhovni red ili poredak u kome ljudi dolaze pred Boga.

Oni koji su sa slavom kao sunce kvalifikovani da zauvek ostanu u Novom Jerusalimu će prvi izaći pred Boga, praćeni onima koji su uvaženom slavom spašeni iz svih nacija. Mi moramo da shvatimo da ako nemamo kvalifikacije da zauvek živimo u Novom Jerusalimu, mi samo povremeno možemo da posetimo grad.

Oni koji nikad ne mogu da uđu u Novi Jerusalim

Bog ljubavi želi da svi prime spasenje i da svakog nagradi mestom boravka i nebeskim nagradama u skladu sa njegovim ili njenim delima. Zato će oni koji nemaju kvalifikacije da uđu u Novi Jerusalim, prema meri njihove vere ući u Treće, Drugo ili Prvo nebesko kraljevstvo ili u Raj. Bog organizuje specijalne bankete i poziva ih u Novi Jerusalim kako bi i oni mogli da uživaju u sjaju grada.

Ipak, možete da vidite da postoje neki ljudi koji nikad ne mogu da uđu u Novi Jerusalim čak iako Bog želi da ima milost prema njima. Naime, oni koji nisu primili spasenje nikad ne mogu da vide sjaj Novog Jerusalima.

> *I neće u njega ući ništa pogano, i što čini mrzost i laž, nego samo koji su napisani u životnoj knjizi Jagnjeta* (Otkrivenje Jovanovo 21:27).

„Pogano" se ovde odnosi na osudu i presuđivanje drugima, i žalbe pri traženju sopstvenih interesa i koristi. Ovakva osoba preuzima ulogu sudije i osuđuje druge sopstvenom voljom, umesto da ih razume. „Mrzost" se ovde odnosi na sva dela koja dolaze iz mrskog srca na dvoličan način. Pošto ovi ljudi imaju jogunasta i nepouzdana srca i misli, oni daju hvalu samo kada prime odgovore na njihove molitve, ali ubrzo se žale i tuguju ako se suoče sa iskušenjima. Slično tome, oni sa sramnim srcem varaju svoju savest i ne ustručavaju se da promene svoje mišljenje u postizanju svojih ličnih interesa.

„Lažljiva" osoba je ona koja vara sebe i svoju savest, i mi moramo da znamo da ova vrsta varanja postaje Satanina zamka. Ima nekih lažova koji lažu iz navike i nekih drugih koji govore laž za dobrobit drugih, ali Bog želi da mi odbacimo čak i ovu vrstu laži. Ima nekih ljudi koji ugrožavaju druge lažnim svedočenjem, i ovakva osoba koja vara druge sa zlom namerom neće biti spašena. Štaviše, oni koji varaju Svetog Duha ili u Božjim delima, se takođe smatraju „lažovima." Juda Iskariotski, jedan od dvanaest učenika Isusovih, bio je zadužen za vrećicu s novcem i stalno je varao u Božjim delima tako što je krao iz blagajne, i čineći druge grehove. Kada ga je Satana konačno ušao u njega, on je prodao Isusa za trideset srebrnjaka pa je zauvek odbačen.

Ima nekih ljudi koji vide kako su bolesni ljudi izlečeni i demoni isterani uz pomoć Svetog Duha u moći Božjoj, ali ipak poriču ova dela i umesto toga govore da su to dela Satane. Ovi ljudi ne mogu da uđu na nebo zato što hule i govore protiv Svetog Duha. Mi ne treba da govorimo laži u bilo kojim okolnostima u Božjim očima.

Oni čija su imena izbrisana iz Knjige života

Kada smo spašeni verom, naša imena su zapisana u Knjizi života Jagnjeta (Otkrovenje Jovanovo 3:5). Ipak, ovo ne znači da će svako ko je prihvatio Isusa Hrista biti spašen. Mi stvarno možemo biti spašeni samo kada činimo po Božjoj Reči i ličimo srcu Gospodnjem očišćenjem naših srca. Ako i dalje činimo u neistini, čak i kada prihvatimo Isusa Hrista, naša imena biće izbrisana iz Knjige života i na kraju nećemo ni primiti spasenje.

O ovome nam Otkrovenje Jovanovo 22:14-15 govori da su blagosloveni oni koji operu svoju odeću, a oni koji ne operu svoju odeću neće biti spašeni:

> *Blago onome koji tvori zapovesti Njegove, da im bude vlast na drvo života, i da uđu na vrata u grad. A napolju su psi i vračari i kurvari i krvnici i idolopoklonici i svaki koji ljubi i čini laž.*

„Psi" se ovde odnosi na one koji čine neistinu ponovo i ponovo. Oni koji se ne preobrate od svojih zlih dela već nastavljaju da ponavljaju zlo nikada ne mogu biti spašeni. Oni su poput psa koji se vraća svojoj bljuvotini i koritu, odmah nakon što je opran, vraća se svom valjanju u blatu. Ovo je zato što se čini da su odbacili svoje zlo, ali ponavljaju svoje zle načine, i čini se da su postali bolji, ali su se vratili zlu.

Međutim, Bog prepoznaje veru onih koji se trude da čine dobra dela čak iako ne mogu u potpunosti da rade u skladu sa Božjom Rečju. Oni će na kraju biti spašeni zato što se još menjaju, a Bog smatra da je njihov napor vera.

„Vračari" se odnosi na „one koji izvode magiju." Oni se ponašaju gnusno, i čine da drugi obožavaju lažne bogove. Ovo je veoma, veoma mrsko Bogu.

„Osobe kurvari" čine preljubu čak iako on/ona ima suprugu ili supruga. Voleti išta više nego Boga, to nije samo fizička preljuba već je takođe i duhovna preljuba. Ako se osoba koja je uživo iskusila živog Boga i shvatila Njegovu ljubav ipak okreće da druge zemaljske stvari kao što su novac ili porodica više voli nego što voli Boga, ta osoba čini duhovnu preljubu, a to nije ispravno pred Bogom.

„Krvnici" čine fizička ili duhovna ubistva. Ako znate duhovno značenje „ubistva," vi verovatno nećete moći da hrabro kažete da nikog niste ubili. Duhovno ubistvo je da izazovete da Božja deca zgreše i da izgube njihov duhovni život (Jevanđelje po Mateju 18:7). Ako izazovete neki bol drugima sa bilo čime što je protiv istine, to je takođe duhovno ubistvo (Jevanđelje po Mateju 5:21-22).

Takođe, duhovno ubistvo je i mrzeti, zavideti i biti ljubomoran, suditi, osuđivati, svađati se, naljutiti se, varati, lagati, gložiti se i praviti razdor, klevetati i biti bez ljubavi i milosti (Poslanica Galaćanima 5:19-21). Ponekad, međutim, ima nekih ljudi koji gube svoje uporište u svom vlastitom zlu. Na primer, ako oni ostave Boga ako ih razočara neko iz crkve, to je za zlo njima samima. Da su oni zaista verovali u Boga, oni nikada ne bi izgubili svoje uporište.

Takođe, „idolopoklonici" je jedna od stvari koje Bog mrzi najviše. U obožavanju idola, postoji fizičko obožavanje idola i duhovno obožavanje idola. Fizičko obožavanje idola je je napraviti neodređeni lik boga i obožavati ga (Isaija 46:6-7). Duhovno obožavanje idola je sve ono što volite više od Boga. Ako neko voli svog supružnika ili decu više nego što on/ona voli Boga u postizanju svojih ličnih želja, ili prekrši Božje zapovesti voleći novac, ugled, ili znanje više nego što on/ona voli Boga, ovo je duhovno obožavanje idola.

Ovakvi ljudi, bez obzira koliko uzvikivali „Gospode,

Gospode" i posećivali crkvu, ne mogu biti spašeni i ući na nebo zato što ne vole Boga.

Zato, ako ste prihvatili Isusa Hrista, primili Svetog Duha kao Božji dar, i vaše ime je zapisano u Knjigu života Jagnjeta, molim vas da imate na umu da vi možete da uđete na nebo i napredujete ka Novom Jerusalimu samo kada činite po Božjoj Reči.

Novi Jerusalim je mesto gde mogu da uđu samo oni koji su potpuno posvećeni u svojim srcima i odani u celoj Božjoj kući.

Sa jedne strane, oni koji uđu u Novi Jerusalim mogu da sretnu Boga licem u lice, imaju prijatne razgovore sa Gospodom, i uživaju u neopisivoj časti i slavi. Sa druge strane, oni koji ostaju u Raju, Prvom, Drugom, ili Trećem nebeskom kraljevstvu mogu da posete grad Novi Jerusalim samo onda kada budu pozvani na posebne bankete uključujući one koje pravi Bog Otac.

Poglavlje 8

„Vidio sam Sveti grad, Novi Jerusalim"

1. Nebeske kuće nezamislivih veličina
2. Veličanstven zamak sa potpunom privatnošću
3. Znamenita mesta neba

„Blago vama ako vas uzasramote i usprogone i kažu na vas svakojake rđave reči lažući, mene radi. Radujte se i veselite se, jer je velika plata vaša na nebesima, jer su tako progonili proroke pre vas."

- Jevanđelje po Mateju 5:11-12 -

U gradu Novom Jerusalimu, nebeske kuće su napravljene tako da bi ljudi čija srca potpuno oslikavaju Božje srce kasnije živeli u njima. U skladu sa ukusom svakog vlasnika ponaosob, grade ih arhanđeli i anđeli koji zaduženi za gradnju i uz Boga kao nadzornika. Ovo je privilegija u kojoj samo oni koji uđu u Novi Jerusalim mogu da uživaju. Ponekad, Sam Bog izdaje naređenje nekom arhanđelu da napravi kuću specijalno za određenu osobu tako da bi bila izgrađena tačno po ukusu vlasnika. On ne zaboravlja ni jednu jedinu kap suze koju su Njegova deca prolila za Njegovo kraljevstvo i nagrađuje ih divnim i dragocenim kamenjem.

Kao što nalazimo u Jevanđelju po Mateju 11:12, Bog nam jasno govori da do mere do koje dobijamo duhovne bitke i rastemo u veri, možemo posedovati još lepše mesto na nebu:

A od vremena Jovana Krstitelja do sad carstvo nebesko na silu se uzima, i siledžije dobijaju ga.

Bog ljubavi nas je mnogo godina vodio da nasilno napredujemo ka nebu, jasno nam pokazujući nebeske kuće Novog Jerusalima. Ovo je zato što je veoma blizu za Gospoda, koji je otišao da pripremi mesto za nas, da se vrati.

1. Nebeske kuće nezamislivih veličina

U Novom Jerusalimu, postoji mnogo divnih kuća

nezamislivih veličina. Među njima je jedna predivna i veličanstvena kuća napravljena na velikoj površini. U centru je okrugli, divni i veličanstveni trospratni zamak, a oko zamka su mnoge zgrade i stvari za zabavu ili razne vrste vožnji koje se mogu naći u zabavnom parku koje upriličuju da ovo mesto izgleda kao svetski poznata turistička atrakcija. Šta je stvarno iznenađujuće je da ova nebeska, kuća nalik na grad, pripada osobi koja je odgajena na ovoj zemlji.

Blagosloveni su krotki, jer će naslediti zemlju

Ako imamo finansijskih mogućnosti na ovoj zemlji, mi možemo da kupimo veliko imanje i po želji napravimo lepu kuću. Međutim, na nebu, mi ne možemo ni da kupimo zemlju ni da napravimo kuću bez obzira na bogatstvo koje imamo, zato što nas Bog nagrađuje zemljom ili kućama prema našim delima.

Jevanđelje po Mateju 5:5 kaže: *„Blagosloveni su krotki, jer će naslediti zemlju."* U zavisnosti od mere do koje ličimo na Boga i ispunimo duhovne pokornosti na ovoj zemlji, mi možemo da „nasledimo zemlju" na nebu. Ovo je zato što čovek koji je duhovno pokoran može prigrliti sve ljude i oni mogu doći do njega i naći oslonac i utehu. On će biti u miru sa svima u svim situacijama jer je njegovo srce meko i nežno kao perje.

Međutim, ako mi prihvatimo ovaj svet i idemo protiv istine kako bi bili u miru sa drugim ljudima, to uopšte nije duhovna pokornost. Neko ko je istinski pokoran ne može samo prigrliti mnogo ljudi sa nežnim i toplim srcem, nego i biti dovoljno hrabar i jak da rizikuje čak i svoj život za istinu.

Ovakva osoba može osvojiti srca mnogih ljudi i voditi ih na

putu spasenja i ka boljem mestu na nebu zato što ona poseduje ljubav i krotkost. Zato ta osoba može posedovati veliku kuću na nebu. Zbog toga, dole opisana kuća pripada istinski krotkoj osobi.

Kuća kao grad

U centru ove kuće je veliki zamak ukrašen mnogim dragim kamenjem i zlatom. Njen krov je napravljen od sarda okruglog oblika i sija veoma blistavo. Okolo ovog blistavog, sjajnog zamka teče Reka vode života koja izvire iz prestola Božjeg, i mnoge zgrade čine da ovo izgleda poput metropole. Takođe, ima igrica iz zabavnog parka ukrašenih zlatom i mnogim dragim kamenjem.

Na jednoj strani široke zemlje je šuma, ravnica i veliko jezero, a na drugoj strani su velika brda sa mnogim vrstama cveća i vodopadima. Tu je i more po kojem veliki brod za krstarenje kao Titanik plovi i jedri unaokolo.

Sada, hajde da obiđemo ovu raskošnu kuću. Dvanaest kapija se nalazi na četiri strane, pa hajde da prođemo kroz glavnu kapiju sa koje možemo da vidimo glavni zamak u centru.

Glavna kapija je ukrašena mnogim dragim kamenjem i čuvaju je dva anđela. Oni su muškarci i izgledaju vrlo snažno. Oni stoje bez da trepću očima, i njihova očigledna uzvišenost čini da izgledaju veoma nepristupačno.

Sa svake strane kapije stoje okrugli i divni, veliki stubovi. Zidovi ukrašeni mnogim dragim kamenjem i cvećem čine se beskonačni. Prolazeći kroz kapiju koja se automatski otvara, vođeni anđelima, vi možete da vidite u daljini veliki zamak sa crvenim krovom koji ispušta lepa svetla na vas.

Takođe, gledajući u mnoge kuće različitih veličina ukrašene

mnogim dragim kamenjem, vi ne možete a da ne budete duboko dirnuti ljubavlju Božjom koji vas nagrađuje trideset, šezdeset ili stotinu puta više od onoga što ste učinili i ponudili. Vi ste zahvalni što je On dao Svog jednog i jedinog Sina da vas povede ka putu spasenja i večnom životu. Povrh svega ovoga, On je takođe pripremio za vas tako lepe nebeske kuće, i vaše srce će biti preplavljeno radošću i zahvalnošću.

Takođe, zbog blagog, čistog i lepog zvuka hvalospeva koji se može čuti svuda oko zamka, neopisivi mir i radost obuzeti vaš duh i vi ćete biti puni emocija:

Daleko u dubini moje duše noćas
Igra melodija slađa od pesme;
U božanstvu teče kao neprestani vodopad
Kroz moju dušu kao beskonačni mir.
Mir! Mir! Predivan mir
Dolazi dole od Oca koji je gore!
Obuhvati moju dušu zauvek, ja se molim,
u neizmernom talasu ljubavi.

Zlatni putevi čisti kao staklo

Sada, hajde da odemo u veliki zamak u centru, hodajući po zlatnom putu. Ulaskom na glavni ulaz, drveće od zlata i dragog kamenja sa ukusnim voćem od dragulja dočekuje posetioce na obe strane puta. Posetioci će moći da onda uzmu voće. Voće se topi u ustima i tako je ukusno da celo telo postaje energičnije i radosnije.

Na svakoj strain zlatnih puteva, cveće raznih boja i veličina dočekuje i raduje se posetiocima svojim mirisom. Iza njih su zlatni travnjak i mnoge vrste drveća koje upotpunjuju divnu baštu. Cveće divnih duginih boja izgleda kao da odaje svetlost, i svaki cvet odaje svoj poseban miris. Na nekim od ovih cvetova, insekti kao leptiri duginih boja sede i razgovaraju jedni sa drugima. Na drveću visi mnogo ukusnog voća među sjajnim granama i lišćem. Mnoge vrste ptica sa perjem zlatne boje sede na drveću i pevaju da naprave tako mirnu i srećnu scenu. Tu su i mnoge životinje koje mirno lutaju okolo.

Automobil oblak i zlatni vagon

Sada stojite na drugoj kapiji. Kuća je toliko velika da ima i druga kapija unutar glavne kapije. Ispred vaših očiju je široki prostor koji liči na garažu u kojoj su parkirani mnogi oblak automobili i zlatni vagon, i vi ste preplavljeni ovom neverovatnom scenom.

Zlatni vagon, ukrašen velikim dijamantima i dragim kamenjem, je za vlasnika ove kuće i sa jednim sedištem je. Kada je vagon u pokretu, on sija kao zvezda padalica zbog toliko mnogo sjajnih dragulja, a njegova brzina je mnogo veća od oblak automobila.

Oblak automobil je okružen čistim belim oblacima i prelepim svetlima mnogih boja, i ima četiri točka i krila. Vozilo se kreće na njegovim točkovima na zemlji, a kada leti, točkovi se automatski uvlače a krila se šire napolje tako da može da ide i da leti slobodno.

Koliko velika vlast i čast će to biti da možete putovati do mnogih mesta na nebu sa Gospodom u oblak automobilima, u pratnji nebeske vojske i anđela? Ako je oblak automobil dat svakoj osobi koja uđe u Novi Jerusalim, možete li da zamislite koliko je vlasnik ove kuće nagrađen pošto ima nebrojane oblak automobile u svojoj garaži?

Veliki zamak u centru

Kada stignete u veliki i prelepi zamak u oblak automobilu, možete da vidite trospratnu zgradu izgrađenu sa krovom od sarda. Ova zgrada je toliko ogromna da se ne može uporediti ni sa jednom zgradom na ovoj zemlji. Čini se da se ceo zamak polako okreće, odaje blistavu svetlost, i takva blistava svetlost čini zamak izgleda kao da je živ. Čisto zlato i jaspis blistavo odaju čistu i providnu zlatnu svetlost u plavičastoj boji. Ipak, vi ne možete da vidite potpuno, pa to izgleda kao skulptura bez ijednog spoja. Zidovi i cveće oko ovih zidova odaju divne mirise da doprinesu radosti i sreći koja ne može biti opisana rečima. Cveće različitih veličina čini veliki prizor, a njihovi razni oblici i mirisi čine savršenu kombinaciju.

Šta je, onda, poseban razlog da je Bog obezbedio tako veliko parče zemlje i ogromnu, divnu kuću? To je zato što Bog nikada ne propušta ili ne zaboravlja ništa na čemu su Njegova deca radila za Njegovo kraljevstvo i pravednost na ovoj zemlji i obilno ih nagrađuje.

Ja se radujem ponovo i ponovo
u Mojim voljenima.
Ovaj Me je voleo toliko mnogo
da je dao sve njegovo.

On je Mene voleo više nego
svoje roditelje i braću,
On nije štedio svoju decu,
i smatrao je svoj život bezvrednim
i dao ga je za Mene.

Njegove oči su uvek bile uperene u Mene.
On je u potpunosti slušao Moju Reč.
On je samo tražio Moju slavu.
On je bio samo zahvalan
čak iako je bio pod nepravednim patnjama.
Čak i usred proganjanja
u ljubavi se molio za
one koji su ga proganjali.
On nikada nije nikoga zaboravio
čak iako su ga izdali.
On je izvršavao svoje dužnosti sa radošću
čak i kad je imao nepodnošljivu tugu.
I on je spasio mnogo duša
i potpuno je ispunio Moju volju,
oslonivši se na Moje srce.

Pošto je on ispunio Moju volju
i voleo Me toliko mnogo,
Ja sam spremio za njega
ovu veliku i veličanstvenu kuću
u Novom Jerusalimu.

2. Veličanstven zamak sa potpunom privatnošću

Kao što možete da vidite, postoje Božji dodiri, posebno u kućama onih koje On veoma voli. Tako da te kuće imaju različite nivoe lepote i svetla slave nego druge kuće čak i u Novom Jerusalimu.

Veliki zamak u centru je mesto gde vlasnik može uživati potpunu privatnost. To je nadoknada za njegova dela i molitve u suzama u dostizanju Božjeg kraljevstva i za činjenicu da se on i danju i noću brinuo o dušama bez imalo uživanja u privatnom životu.

Generalna struktura ovog zamka ima glavnu kuću u centru zamka, a zamak ima dva niza zidova. Postoji dodatni zid u srednjem delu između glavne kuće u centru i spoljnog zida. Tako je ceo zamak podeljen na unutrašnji i spoljašnji zamak koji su od glavne kuće do centralnog zida i od centralnog zida do spoljnog zida.

Dakle, da bi stigli do glavne kuće ovog zamka, mi moramo da prođemo kroz glavnu kapiju i zatim drugu kapiju još jednom u srednjem zidu. Na spoljnom zidu ima mnogo kapija, a kapija koja je u liniji sa licem glavne kuće je glavna kapija. Glavna kapija je ukrašena različitim dragim kamenjem i dva anđela je čuvaju. Dva anđela imaju muška lica i izgledaju veoma snažno. Oni čak i ne pomeraju oči dok su na straži, i mi možemo da iz njih osetimo dostojanstvo.

Sa obe strane glavne kapije su stubovi cilindričnog oblika. Zidovi su ukrašeni dragim kamenjem i cvećem, i oni su toliko dugački da njihov kraj ne može da se vidi. Vođeni anđelima mi ulazimo kroz glavnu kapiju koja se automatski otvara, bleštave i divne svetlosti sijaju na nas. A tamo je zlatni put koji je kao kristal koji se proteže direktno do glavne kapije.

Kako hodamo zlatnim putem, mi ćemo stići do druge kapije. Ova kapija je smeštena u srednjem zidu koji razdvaja unutrašnji zamak od spoljašnjeg zamka. Pošto prođemo kroz ovu drugu kapiju, tu je mesto poput mega parking prostora na ovoj zemlji. Ovde su parkirani brojni automobili oblaci. Tu je i zlatna kočija među ovim oblak automobilima.

Glavna kuća ovog zamka je veća od bilo koje zgrade na ovoj zemlji. To je trospratna zgrada. Svaki sprat zgrade je cilindričnog oblika, i prostor svakog sprata postaje manji kako se penjete od sprata do sprata. Krov je kupola u obliku crnog luka.

Zidovi glavne kuće su napravljeni od čistog zlata i jaspisa. Tako da plavičasta svetlost i čista i providna zlatna svetlost u harmoniji odaju takve veličanstvene svetlosti. Svetlo je tako jako da daje osećaj da je sama kuća živa i da se pomera. Cela zgrada odaje blistavu svetlost i izgleda kao da se polako okreće.

Sada, hajde da uđemo u ovaj veliki zamak!

Dvanaest kapija da bi ušli u glavnu kuću zamka

Ova glavna kuća ima dvanaest kapija za ulazak. Zato što je glavna kuća tako velika, razdaljina od jedne kapije do druge je prilično velika. Kapije su u obliku luka, i svaka ima ugraviranu sliku ključa. Ispod slike ključa je nebeskom abecedom ispisano ime kapije. Ova slova su ispisana dragim kamenjem, i posebno je svaka kapija ukrašena jednom vrstom dragog kamena.

Ispod njih su objašnjenja zašto je svaka kapija tako nazvana. Bog Otac je sažeo šta je vlasnik ove kuće uradio na zemlji i izrazio je to na tih dvanaest kapija.

Prva kapija je „Kapija spasenja." To ima objašnjenje o tome kako je vlasnik postao pastir mnogim ljudima i vodio bezbrojne duše ka spasenju širom sveta. Odmah do Kapije spasenja je „Kapija Novog Jerusalima." Ispod imena kapije je objašnjenje da je vlasnik odveo toliko mnogo duša u Novi Jerusalim.

Sledeće, tu su „Kapije moći." Prvo, postoje četiri kapije za četiri nivoa moći, i onda, tu su Kapija moći stvaranja i Kapija najveće moći stvaranja. Na ovim kapijama su objašnjenja o tome kako je svaka vrsta moći izlečila toliko mnogo ljudi i slavila Boga.

Deveta je „Kapija otkrovenja," a ova kapija ima objašnjenje da je vlasnik dobio toliko mnogo otkrovenja i objašnjavao je veoma jasno Bibliju. Deseta je „Kapija dostignuća." To je za uspomenu na dostignuća kao što je izgradnja Velikog Hrama.

Jedanaesta je „Kapija molitve." Ova kapija nam govori o tome kako se ovaj vlasnik molio svim svojim životom da ispuni volju Božju svojom ljubavlju za Boga, i kako je jecao i molio se za duše.

Zadnja i dvanaesta je kapija sa značenjem „Pobeđivati protiv neprijatelja đavola, Satane." Ona ima objašnjenje da je vlasnik prevazišao sve sa verom i ljubavlju kada je neprijatelj đavo, Satana, pokušao da mu naudi i da ga dovede do očaja.

„Vidio sam Sveti grad, Novi Jerusalim"

Posebni zapisi i crteži na zidovima

Zidovi, napravljeni od čistog zlata i jaspisa, su puni crteža zapisa i crteža koji nešto odražavaju. Svaki detalj o proganjanju i podsmevanju sa kojim se suočio za kraljevstvo Božje, i sva dela kojima je on slavio Gospoda su zabeleženi. Ono što je još divnije je da je Bog Lično ugravirao zapise u pesmi i slova odaju divna u blistava svetla.

Ako uđete u zamak nakon što ste prošli jednu od ovih kapija, vi vidite predmete koji su još lepši od onih koje ste videli napolju. Svetlost iz dragog kamenja preklapa se dva do tri puta što je čini da izgleda velelepno.

Zapisi o vlasnikovim suzama, nastojanjima i naporima na ovoj zemlji su urezani i na unutrašnjim zidovima i oni daju tako blistavu svetlost. Vremena njegovih iskrenih celonoćnih molitvi za kraljevstvo Božje i čist miris prinošenja sebe kao poklon pića za duše su zapisani kao pesma i odaju prelepu svetlost.

Ipak, Bog Otac je sakrio većinu detalja zapisa tako da ih Bog Lično može pokazati vlasniku kada dođe na ovo mesto. Ovo je da bi Bog primio njegovo srce koje slavi Oca sa dubokim emocijama i suzama kada mu pokaže ove zapise, govoreći mu: „Ovo sam Ja pripremio za tebe."

Čak i na ovom svetu, kada volimo nekoga, neki ljudi nekoliko puta pišu ime te osobe. Oni pišu ime na beležnici ili u dnevnicima, na plaži, ili čak ga urezuju na drvetu ili klešu u kamenu. Oni ne znaju kako da izraze svoju ljubav tako da samo stalno pišu ime osobe koju vole.

Na sličan način, ima jedna četvrtasta zlatna ploča sa samo

tri reči. Te tri reči su: „Oče," „Gospode," i „Ja." Vlasnik kuće nije mogao da rečima jednostavno izrazi svoju ljubav za Oca i za Gospoda. On na ovaj način pokazuje svoje srce.

Sastanci i banketi na prvom spratu

Zamak uglavnom nije otvoren za druge, ali je otvoren prilikom održavanja banketa ili balova. Tu se nalazi veoma velika sala u kojoj bezbroj ljudi može da se okupi na banketima. Ona se koristi i kao mesto sastanaka gde vlasnik deli svoju ljubav i radost razgovarajući sa gostima.

Sala je okrugla i tako velika da ne možete da vidite sa jednog do drugog kraja. Pod je neke beličaste boje i veoma je gladak. On ima mnogo dragog kamenja i blistavo sija. U sredini sale je luster sa tri nivoa da doprinese dostojanstvenosti sobe, i ima mnogo zlatnih lustera različitih veličina na zidovima da dopune lepotu sale. Takođe, u centru sale je okrugla pozornica, i mnogo stolova je poređano u mnogim nivoima okolo pozornice. Oni koji su pozvani zauzimaju svoja mesta po redu i drugarski razgovaraju.

Sve dekoracije unutar zgrade su napravljene u skladu sa ukusom vlasnika, i njihove svetlosti i oblici su tako divni i prefinjeni. Svaki dragi kamen u njemu ima Božji dodir, i takva je čast biti pozvan na ovaj banket koji priređuje vlasnik kuće.

Tajne sobe i sobe za prijem na drugom spratu

Na drugom spratu ovog velikog zamka, ima mnogo soba i svaka soba ima tajnu sobu, potpuno otkrivenu samo na nebu, koju Bog nagrađuje u skladu sa vlasnikovim delima. U određenoj sobi su bezbrojne krune različitih vrsta, poput neke vrste muzeja. Mnoge krune uključujući i zlatnu krunu, zlatno dekorisanu krunu, kristalnu krunu, bisernu krunu, cvetnu krunu, i mnoge druge krune ukrašene mnogim vrstama dragog kamenja su uredno smeštene. Ove krune su nagrada za svaki put kada je vlasnik ispunio Božje kraljevstvo i dao Mu slavu na ovoj zemlji, a njihova veličina i oblik, i materijal i dekoracija su sve različite da bi pokazale razliku u časti. Takođe, ima velikih soba koje služe kao ormari za odeću i za čuvanje dragocenih ukrasa, i njih održavaju anđeli sa posebnom brigom.

Tu je i uredna kvadratna soba bez mnogo dekoracija koja je nazvana „Soba molitve." Ona je data zato što je vlasnik mnogo nudio u molitvama na ovoj zemlji. Dalje, ima jedna soba sa više televizijskih aparata. Ova soba je nazvana „Soba agonije i tuge" i ovde vlasnik može da gleda sve stvari njegovog zemaljskog života kad god želi. Bog je sačuvao baš svaki momenat i događaj iz vlasnikovog života zato što je izuzetno patio dok je sprovodio Božja dela i službu i prolio mnogo suza za duše.

Postoji takođe lepo dekorisano mesto za prijem proroka na drugom spratu, u kome vlasnik može da deli svoju ljubav i ima prijatne razgovore sa njima. On može da sretne proroke kao što su Ilija koji je otišao na nebo u vatrenim kočijama i konjima, Enoha koji je hodao sa Bogom 300 godina, Avrama koji je verom ugodio Bogu, Mojsija koji je bio pokorniji od bilo koga na licu zemaljskom, uvek tako strastvenog apostola Pavla, i ostale, i može da uživa u razgovorima sa njima o njihovim životima i okolnostima na zemlji.

Raj II

Treći sprat rezervisan da se deli ljubav sa Gospodom

Treći sprat velikog zamka je tako čudesno dekorisan da primi Gospoda i ima prijatne razgovore koliko god je moguće. Ovo je dato zato što je vlasnik voleo Gospoda više nego bilo koga, i pokušao je da liči Njegovim delima čitajući četiri Jevanđelja, i služio je i voleo je svakoga na način na koji je Gospod služio Njegovim učenicima. Štaviše, on se molio sa toliko suza da povede bezbroj duša ka putu spasenja primanjem moći Božje kao što je Gospod učinio i zapravo prikazao brojne dokaze živog Boga. Suze su lile kad god bi se setio Gospoda, i mnogo noći nije mogao da spava zato što mu je Gospod iskreno nedostajao. Takođe, kao što se Gospod molio celu noć, vlasnik se mnogo puta molio celu noć i davao sve od sebe da potpuno ispuni Božje kraljevstvo.

Koliko radostan i srećan će biti kada može da sretne Gospoda licem u lice i podeli svoju ljubav sa Njim u Novom Jerusalimu!

Ja mogu da vidim mog Gospoda!
Ja mogu da smestim svetlost Njegovih očiju
u mojim sopstvenim,
ja mogu da stavim Njegov blag osmeh u moje srce,
i sve ovo je tako velika radost za mene.

Moj Gospode,
koliko Te mnogo volim!
Ti si video sve
i Ti znaš sve.
Sada sam ispunjen velikom radošću
što mogu da priznam moju ljubav.

Ja te volim, Gospode.
Nedostajao Si mi veoma mnogo.

Razgovori sa Gospodom nikada neće postati dosadni ili zamorni.

Bog Otac, koji je primio ovu ljubav, tako prelepo je dekorisao unutrašnjost ornamentima i dragim kamenjem na trećem spratu ove veličanstvene kuće. Ova savršenost i raskoš ne mogu biti opisani, a nivo svetlosti je specijalan. Međutim, možete da osetite pravdu i prefinjenu ljubav Božju, koji vas samim razgledanjem kuća na nebu nagrađuje u skladu sa vašim delima.

3. Znamenita mesta neba

Šta se još nalazi u okolini velikog zamka? Ako pokušam da opišem ovu kuću nalik gradu do najsitnijeg detalja, to bi bilo više nego dovoljno da se napiše knjiga. Okolo zamka je velika bašta i mnogo zgrada koje lepo ukrašene skladno stoje. Takvi objekti kao što je bazen za plivanje, zabavni park, kolibe, i operska kuća čine ovu kuću da izgleda kao glavna turistička atrakcija.

Bog kao nagradu daje sve u skladu sa nečijim delima

Razlog iz koga vlasnik može da ima ovakvu kuću sa toliko mnogo objekata je zato što je na ovoj zemlji bio predan Bogu svim svojim telom, mislima, vremenom i novcem. Bog nagrađuje sve što je on učinio za kraljevstvo Božje uključujući i to što je vodio bezbroj duša ka putu spasenja i izgradio Božju crkvu. Bog je više nego u mogućnosti da nam da ne samo ono što tražimo već i ono što želimo u našim srcima. Vidimo da Bog može da dizajnira savršenije i lepše nego neki odlični arhitekta ili gradski planer na zemlji, i da pokaže jedinstvo i raznolikost u isto vreme.

Na ovoj zemlji, mi možemo da posedujemo sve što poželimo, u većini slučajeva, ako imamo dovoljno novca. Na nebu, međutim, to nije slučaj. U kući u kojoj treba da živimo, odeća, drago kamenje, krune, ili čak anđeli koji služe, ne mogu da se kupe ili unajme, već su dati samo u skladu sa merom vere pojedinaca i njegovom odanošću Božjem kraljevstvu.

Kao što nalazimo u Poslanici Jevrejima 8:5: *„[Oni] koji služe obličju i senu nebeskih stvari, kao što bi rečeno Mojsiju kad htede skiniju da načini,"* ovaj svet je senka neba i većina životinja, biljaka i ostale prirode se mogu naći i na nebu. One su mnogo lepše nego ove na zemlji.

Dozvolite nam sada da istražimo bašte ispunjene sa tako mnogo cveća i životinja.

Mesta za bogosluženje i Veliki Hram

Niže od zamka u centru, nalazi se veoma veliko unutrašnje dvorište gde mnogo cveća i drveća čine veoma lep prizor. Sa obe strane zamka su velika mesta za bogosluženje u kojima ljudi s vremena na vreme mogu da slave Boga uz hvalu. Ova nebeska kuća, koja je nezamislivo ogromna, je kao poznata turistička atrakcija opremljena sa mnogo objekata, i pošto je potrebno mnogo vremena da bi ljudi razgledali kuću, postoje mesta za bogosluženje u kojima oni mogu da se odmore.

Bogosluženje na nebu je totalno drugačije od onoga na koje

smo navikli na ovoj zemlji. Mi nismo vezani za formalnosti, već možemo dati slavu Bogu novim pesmama. Ako pevamo o slavi Oca i o ljubavi Gospodnjoj, mi ćemo biti osveženi kako dobijemo ispunjenje Svetim Duhom. Onda ćemo imati dublje emocije u našem srcu i mi ćemo biti ispunjeni zahvalnošću i radošću.

Uz ova svetilišta, ovaj zamak ima zgradu koja ima potpuno isti oblik kao određeno svetilište koje je postojalo na zemlji. Dok je bio na zemlji, vlasnik ovog zamka je primio zadatak od Boga Oca da izgradi ogromno i veliko svetilište, a isto takvo svetilište je izgrađeno i u Novom Jerusalimu.

Slično kao David u Starom zavetu, vlasnik ovog zamka je takođe žudio za Božjom Crkvom. Ima mnogo zgrada na ovom svetu, ali u stvari nema zgrada koja pokazuje dostojanstvo i slavu Boga. On je uvek žalio zbog ove činjenice.

On je bio tako mnogo revnostan da izgradi crkvu koja je samo za Boga Stvoritelja. Bog Otac je prihvatio ovo žudno srce i objasnio mu do najmanjeg detalja oblik, veličinu, ukrase, i čak i unutrašnje strukture hrama. To je bilo jednostavno nemoguće ljudskim razmišljanjem, ali on je činio sa nadom, verom, i ljubavlju; i konačno, Veliki Hram je izgrađen.

Ovaj Veliki Hram nije samo zgrada koja je velika i veličanstvena. Ona je kristaloid suza snage onih vernika koji iskreno vole Boga. Kako bi se ovaj hram izgradio, blago ovoga sveta moralo je da se iskoristi. Srce kraljeva nacija su morala da budu dirnuta. I da bi uradili ovo, ono što je bilo najpotrebnije bila su moćna Božja dela koja su van ljudske mašte.

Vlasnik ovog zamka je sam prevazišao takve teške duhovne borbe da bi dobio ovu vrstu moći. On je verovao u Boga koji nemoguće stvari čini mogućim samo dobrotom, ljubavlju i povinovanjem. On se neprestano molio, i kao ishod, izgradio je Veliki Hram koji je Bog radosno prihvatio.

Bog Otac, znajući sve ove činjenice, takođe je izgradio kopiju ovog Velikog Hrama u zamku ove osobe. Naravno, Veliki Hram na nebu je izgrađen od zlata i dragog kamenja koje je mnogo lepše od materijala na zemlji u van poređenja, mada je oblik isti.

Hol za predstave poput Sidnejske opere

U ovom zamku se nalazi dvorana za predstave koja izgleda slično Sidnejskoj operi u Australiji. Postoji razlog Boga Oca da napravi takvu dvoranu za predstave u ovom zamku. Kada je vlasnik ovog zamka bio na zemlji, on je organizovao mnoge ekipe za predstave razumevši srce Boga koji uživa u hvali. I on je mnogo slavio Boga Oca kroz lepe i dražesne hrišćanske izvođačke tačke.

To nisu bili samo spoljašnji izgledi, veštine i tehnike. On je vodio izvođače na duhovni način kako bi oni mogli da slave Boga sa iskrenom ljubavlju iz dubine njihovih srca. On je odgajio mnogo izvođača koji su mogli da prinesu Bogu takve hvale koje je Bog mogao zaista da prihvati. Zbog ovoga je Bog Otac izgradio lepu dvoranu za umetničke predstave kako bi ovi izvođači mogli da slobodno pokažu njihove veštine željom njihovog srca u ovom zamku.

Veliko jezero pruža se ispred ove zgrade, i čini se da zgrada pluta po vodi. Kada fontana izbaci uvis vodu iz jezera, vodene kapljice će padati i odajući svetlost poput dragog kamenja. Dvorana za predstave ima prekrasnu pozornicu ukrašenu mnogim dragim kamenjem i mnogo sedišta koja čekaju publiku. Ovde će anđeli glumiti u prelepim kostimima.

Ovi anđeli izvođači će igrati u odeći koja isijava svetlosti sjajne prozirnosti dragog kamenja poput krila vilinih konjica. Svaki od njihovih pokreta savršeno je lep i bez grešaka. Ima takođe anđela koji pevaju i sviraju muzičke instrumente. Oni sviraju tako lepe i slatke melodije sa sofisticiranim veštinama i tehnikom.

Ali čak iako su ove veštine anđela toliko dobre, miris njihove hvale i plesa se mnogo razlikuje od onih u Božje dece. Božja deca imaju duboku ljubav i zahvalnost za Boga u njihovim srcima. Iz srca koje je kroz ljudsku kultivaciju napravljeno prelepo, dolazi miris koji može da dotakne Boga Oca.

Ona Božja deca koja imaju dužnost da hvale Boga na zemlji, imaće mnogo prilika da slave Boga svojim hvalama i na nebu. Ako vođa hvale ide u Novi Jerusalim, on/ona može da nastupi u ovoj izvođačkoj dvorani koja izgleda kao Sidnejska opera. A predstave koje se izvode na ovom mestu se ponekad uživo prenose do svih mesta boravka u nebeskom kraljevstvu. Zato će biti velika čast stajati na pozornici ove dvorane samo jednom.

Oblak most duginih boja

Reka vode života sijajući srebrnim svetlima protiče svuda kroz zamak kao i okolo zamka. Ona izvire iz Božjeg prestola i teče oko zamkova Gospoda i Svetog Duha, Novog Jerusalima, Trećeg, Drugog i Prvog nebeskog kraljevstva, Raja, i vraća se do prestola Božjeg.

Ljudi razgovaraju sa ribama, koje su tako lepo raznobojne, dok sede na zlatnom i srebrnom pesku sa obe strane Reke vode života. Tu su zlatne klupe sa svake strane Reke a okolo njih je drveće života. Sedeći na zlatnim klupama i gledajući u ukusno voće, ako samo pomislite: „Oh, ovo voće izgleda tako ukusno," anđeli poslužitelji će vam doneti voće u cvetnoj korpi i učtivo će vam ga predati.

Takođe ima prelepih, u obliku svodova, oblak mostova okolo Reke vode života. Šetajući na oblak mostu duginih boja i gledajući na Reku koja polako teče ispod vas, vi se osećate tako prelepo kao da letite po nebu ili hodate po vodi.

Kada pređete Reku vode života, tamo je spoljašnje dvorište sa mnogim vrstama cveća i zlatna livada, i ovde se osećate nešto drukčije nego što ste se osećali u unutrašnjem dvorištu.

Zabavni park i cvetni put

Kad se pređe preko oblak mosta, naiđe se na zabavni park u kome je mnogo vrsta vožnji koje nikada niste videli, čuli ili zamišljali; čak i najbolji zabavni parkovi ovog sveta kao što je Diznilend, ne mogu se uporediti sa ovim zabavnim parkom. Vozovi napravljeni od kristala idu po parku, vožnja sa temom piratskog broda napravljenog od zlata i mnogo dragog kamenja pomera se napred i nazad, ringišpil se pokreće u veselom ritmu, a veliki tobogan se kreće očaravajući putnike. Kada god se ovi vozići koji su ukrašeni mnogim dragim kamenjem pomere, odaju mnogoslojne svetlosti, pa i sam boravak tamo čini da ste preplavljeni festivalskim raspoloženjem.

Sa jedne strane spoljnjeg dvorišta, nalazi se beskonačan cvetni put. Ceo put je prekriven cvećem tako da možete da hodate po samom cveću. Nebesko telo je tako lako da ne možete da osetite težinu, a cveće nije zgnječeno čak i kada hodate po njemu. Kada hodate po širokom cvetnom putu mirišući tako nežne mirise cveća, cveće zatvara svoje latice kao da je stidljivo i pravi talas širom otvarajući latice. Ovo je posebna dobrodošlica i pozdrav. U bajkama, cveće ima svoje sopstveno lice i može da razgovara, a isto je i na nebu.

Vi ćete biti potpuno oduševljeni da hodate po cveću i da uživate u njegovim mirisima, a cveće će se osećati srećno i zahvaljivaće vam se što hodate po njemu. Kada stanete na njega nežno, ono odaje čak i jači miris. Svaki cvet ima drugačiji miris i mirisi su svaki put pomešani različito tako da možete da imate drugi osećaj svaki put kad šetate. Cvetni putevi se pružaju ovde onde i oni su kao prelepa slika što upotpunjuje lepotu ove nebeske kuće. Slično, kuća nekog pojedinca je ogromna i naizgled bezgranična, i sadrži sve vrste objekata.

Velika livada na kojoj se životinje mirno igraju

Iznad cvetnog puta je velika, široka ravnica i mnogo vrsta životinja koje vi možete da vidite na ovoj zemlji se takođe tamo nalaze. Naravno, vi možete da vidite mnogo drugih životinja na drugim mestima ali ovde su skoro sve vrste životinja, osim onih koje su protiv Boga, kao što su zmajevi. Prizor pred vašim očima podseća vas na prostranu savanu u Africi, i ove životinje ne napuštaju svoja područja čak iako nema ograde i slobodno se igraju. One su veće od životinja na ovoj zemlji i imaju jasnije boje koje sijaju sjajnije. Zakon džungle ovde ne važi za njih.

Sve životinje su umiljate; čak i lavovi koje zovu kraljevima zveri ni mali nisu agresivni već su umiljati i njihovo zlatno krzno je tako zanosno. Takođe, na nebu, vi možete slobodno da razgovarate sa životinjama. Samo zamislite uživanje u lepoti velike prirode koja buja na širokoj ravnici jašući lavove ili slonove.

Ovo nije nešto što se nalazi samo u bajkama već je privilegija data onima koji su spašeni i poseduju nebo.

Privatna koliba i zlatna stolica za odmor

Pošto je kuća ove osobe kao glavna turistička atrakcija na nebu za uživanje mnogih, Bog je dao vlasniku privatnu kolibu specijalno za njegove lične potrebe. Ova koliba je smeštena na malom brdu sa lepim pogledom i ima divne ukrase. Niko ne može da uđe u ovu kolibu zato što je ona za lične potrebe. Vlasnik se sam ovde odmara ili je koristi da primi proroke kao što su Ilija, Enoh, Avram i Mojsije.

Tu je i druga koliba napravljena od kristala i, za razliku od drugih zgrada, ona je tako čista i providna. Ipak, ne možete da vidite unutrašnjost od spolja, a ulaz je van granica. Na vrhu krova ove kristalne kolibe je rotirajuća zlatna stolica. Kada vlasnik sedne ovde, on može da vidi celu kuću jednim pogledom van vremena i prostora. Bog ju je napravio naročito za vlasnika kako bi on mogao da oseti radost gledajući kako toliko mnogo ljudi posećuju njegovu kuću, ili da se jednostavno odmori.

Planina uspomena i put maštanja

Put mašte, gde drveće života stoji na svakoj strani, je tako tih kao da je vreme stalo. Kada vlasnik napravi svaki korak, mir izlazi iz dubine njegovog srca i on se podseća na stvari sa ove zemlje. Ako pomisli na sunce, mesec i na zvezde, okrugli sloj poput ekrana se postavlja iznad njegove glave, i sunce, mesec i zvezde se pojavljuju. Na nebu svetlost sunca, meseca i zvezda nije potrebna zato što je celo mesto okruženo Božjom svetlošću slave, ali taj okrugli sloj je posebno napravljen za njega da bi mislio o stvarima na ovoj zemlji.

Takođe, ima mesto koje je nazvano planina uspomena, i oblika je velikog sela. Ovde vlasnik može da se seti svog života na ovoj zemlji, i tu su njegove uspomene sakupljene. Kuća u kojoj je rođen, škole u koje je išao, naselja i gradovi u kojima je živeo, mesta na kojima se suočavao sa iskušenjima, mesto gde je sreo Boga prvi put, i crkve koje je izgradio nakon što je postao sveštenik su sve napravljene ovde po hronološkom redu.

Iako su materijali svakako različiti od onih na ovoj zemlji, stvari iz njegovog zemaljskog života su precizno kopirane kako bi ljudi mogli da jasno osete tragove njegovog zemaljskog života. Koliko čudesna je Božja plemenita i prefinjena ljubav!

Vodopadi i more sa ostrvima

Pošto nastavite da hodate po putu mašte, vi možete da čujete glasan i jasan zvuk izdaleka. To je zvuk koji dolazi sa vodopada mnogih boja. Kada vodopad širi kapljice, prelepo drago kamenje na dnu vodopada sija tako blistavom svetlošću. To je tako veličanstveni prizor da vidite da veliki vodotok pada u tri nivoa dole od samog vrha i uliva se u Reku vode života. Ima dragog kamenja koje sija dva ili tri puta svetlije na obe strane vodopada, i ono odaje tako zanosnu svetlost zajedno sa kapljicama vode. Vi možete da se osećate osveženo i energično samo dok je gledate.

Tu je takođe veliki paviljon na vrhu vodopada u kome ljudi mogu da posmatraju prelepi prizor ili mogu da se odmore. Vi možete da vidite nebesku kuću u njenoj celosti, a pogled je tako veličanstven i divan da ne može biti adekvatno opisan ovozemaljskim rečima.

Iza zamka je veliko more, a u njemu su ostrva različitih veličina. Čista i jasna morska voda sija kao da je drago kamenje poprskano po njoj. Takođe je veoma lepo videti ribe koje plivaju u čistom moru, i što je iznenađujuće, prelepe kuće zelene boje žada su izgrađene ispod mora. Na ovoj zemlji, čak i najbogatiji čovek ne može da ima kuću ispod mora.

Međutim, pošto je nebo u četvorodimenzionalnom svetu u kome je sve moguće, tamo ima bezbrojnih stvari koje ne možemo da razumemo ili da zamislimo da postoje.

Ogromni brod poput *Titanika* i kristalni čamac

Ostrva na moru imaju mnogo vrsta divljeg cveća, ptica koje pevaju, i dragocenog kamenja da se upotpuni lepi prizor. Ovde se održavaju takmičenja kanua ili u surfovanju da se privuku brojni nebeski stanovnici. Tu je brod poput Titanika na blago zatalasanom moru, a plovilo na sebi ima mnogo vrsta opreme kao što su bazeni za kupanje, pozorišta i banket sale. Ako ste na providnom brodu koji je sav napravljen od kristala, vi se osećate kao da hodate po moru, a možete i da osetite lepotu unutrašnjosti mora u podmornici oblika ragbi lopte.

Kolika će to sreća biti da ste u mogućnosti da budete na brodu poput *Titanika,* kristalnom čamcu ili u podmornici oblika ragbi lopte na ovom predivnom mestu i tu provedete makar jedan dan! Ipak, pošto je nebo večno mesto, vi možete da uživate u ovim stvarima zauvek samo ako imate kvalifikacije da uđete u Novi Jerusalim.

Mnogo atletskih, rekreacionih objekata

Postoji i mnogo atletskih i rekreacionih objekata kao golf tereni, kuglane, bazeni, teniski tereni, odbojkaški tereni, košarkaški tereni, i tako dalje. Ovo je sve dato kao nagrada zato što je vlasnik mogao da uživa u ovim sportovima na zemlji ali nije zbog kraljevstva Božjeg i provodio je sve svoje vreme samo za Njega.

U kuglani, koja je napravljena od zlata i dragog kamenja u obliku kegle za kuglanje, lopta i kegle su sve napravljene od zlata i dragog kamenja. Ljudi igraju u grupama od tri do pet, i lepo se zajedno zabavljaju bodreći jedni druge. Lopta ne daje neki osećaj težine, za razliku od onih na zemlji, tako da će se jako kotrljati po pisti čak iako je nežno gurnete. Kada pogodi kegle, divna svetlost zajedno sa čistim i lepim zvukom izlazi.

Na terenu za golf izgrađenom na zlatnom travnjaku, trava automatski poleže kako bi se loptica kotrljala tokom igre. Kada trava polegne poput domina, to izgleda kao zlatan talas. U Novom Jerusalimu, čak se i trava povinuje srcu vlasnika. Štaviše, nakon udarca, parče oblaka dolazi do stopala i pomera svog vlasnika do sledeće staze. Koliko je ovo divno i čudesno!

Ljudi se puno zabavljaju i u bazenu. Pošto niko na nebu ne može da se udavi, čak i oni koji nisu znali da plivaju na ovoj zemlji mogu prirodno dobro da plivaju. Štaviše, voda ne kvasi odeću već se skotrlja kao rosa na lišću. Ljudi mogu da uživaju u plivanju u svako vreme zato što mogu da plivaju sa odećom na sebi.

Jezera mnogih veličina i fontane u baštama

Postoji mnogo jezera različitih veličina u velikoj, širokoj

nebeskoj kući. Kada ribe mnogih boja u ovim jezerima mašu svojim perajima kao da igraju da bi udovoljile Božjoj deci, to izgleda kao da glasno priznaju svoju ljubav. Vi takođe možete da vidite kako ribe menjaju svoju boju. Riba koja maše svojim srebrnim perajima može odjednom da promeni svoju boju u bisernu.

Postoje mnogobrojne bašte i svaka bašta ima različito ime u skladu sa jedinstvenom lepotom i karakteristikama. Lepota ne može biti delotvorno preneta zato što je Božji dodir čak i na listu.

Fontane su takođe različite u skladu sa karakteristikama svake bašte. Uopšteno, fontane izbacuju vodu, ali ima fontana koje odaju prelepe mirise ili boje. Ima novih i dragocenih mirisa koje niste mogli da iskusite na ovoj zemlji, poput mirisa izdržljivosti koji možete da osetite iz bisera, mirisa izdržljivosti i strasti sarda, mirisa samopožrtvovanja ili odanosti, i mnogih drugih. U centru fontane koja izbacuje vodu uvis, ima zapisa i crteža koji objašnjavaju značenja svake fontane i zašto je ona napravljena.

Štaviše, ima mnogo drugih zgrada i posebnih mesta u toj kući što je poput zamka, ali velika je šteta što svi ti objekti ne mogu biti opisani do detalja. Ono šta je važno je da ništa nije dato bez razloga, već je nagrada samo u skladu sa onim koliko je neko radio za kraljevstvo i pravednost Božju na ovoj zemlji.

Velika je vaša nagrada na nebu

Do sada ste morali da shvatite da je ova nebeska kuća toliko ogromna i velika da bi se i zamislila. Veliki dvorac sa kompletnom privatnošću je izgrađen u centru, a ima i mnogo drugih zgrada i objekata zajedno sa velikim baštama koje ga okružuju; ova kuća je kao nebesko turističko mesto. Vi verovatno ne možete a da ne budete veoma začuđeni pošto je ovu kuću neverovatne veličine Bog pripremio za jednu osobu kultivisanu na ovoj zemlji.

Šta je onda, razlog da je Bog pripremio nebesku kuću koja je velika kao veliki grad? Hajde da pogledamo u Jevanđelju po Mateju 5:11-12:

> *Blago vama ako vas uzasramote i usprogone i kažu na vas svakojake rđave reči lažući, Mene radi. Radujte se i veselite se, jer je velika plata vaša na nebesima, jer su tako progonili proroke pre vas.*

Koliko mnogo je apostol Pavle patio u ispunjavanju Božjeg kraljevstva? On je propatio neopisive teškoće i proganjanja da bi propovedao Isusa Spasitelja neznabošcima. Mi možemo da vidimo da je on radio veoma naporno za kraljevstvo Božje iz 2 Poslanice Korinćanima 11:23, pa nadalje. Dok je propovedao jevanđelje Pavle je mnogo puta bio zatvaran, tučen ili u smrtnoj opasnosti.

Ipak, Pavle se nikada nije žalio ili gunđao već se radovao i bilo mu je drago pošto mu je Reč Božja zapovedala. Nakon svega, kroz Pavla su otvorena vrata svetske misije za neznabošce. Dakle, on je prirodno ušao u Novi Jerusalim i došao u posed časti koja sija kao sunce u Novom Jerusalimu.

Bog veoma mnogo voli one koji rade revnosno i odani su čak i da žrtvuju svoje živote, i blagoslovi i nagrađuje ih mnogim stvarima na nebu.

Grad Novi Jerusalim nije rezervisan ni za jednu određenu osobu, već svako ko posveti svoje srce da liči Božjem srcu i ispunjava svoje zadatke strastveno, može tamo da uđe i živi.

Ja se molim u ime Gospoda Isusa Hrista da vi možete da ispunite Božje srce kroz revnosne molitve i Božju Reč, i ispunite vaše dužnosti potpuno tako da možete da uđete u Novi Jerusalim i priznate Njemu sa suzama: „Ja sam mnogo zahvalan na velikoj ljubavi Oca."

Poglavlje 9

Prvi banket u Novom Jerusalimu

1. Prvi banket u Novom Jerusalimu
2. Proroci u prvo rangiranoj grupi na nebu
3. Prelepa žena u Božjim očima
4. Marija Magdalena boravi blizu Božjeg prestola

„Ako ko pokvari jednu od ovih najmanjih zapovesti i nauči tako ljude, najmanji nazvaće se u carstvu nebeskom; a ko izvrši i nauči, taj će se veliki nazvati u carstvu nebeskom."

- Jevanđelje po Mateju 5:19 -

Sveti grad Novi Jerusalim udomljuje Božji presto i, među nebrojeno mnogo ljudi koji su kultivisani na ovoj zemlji, oni koji imaju srca čista i divna kao kristal žive tamo zauvek. Život u Novom Jerusalimu sa Bogom Trojednakim je pun nezamislive ljubavi, emocija, sreće i veselja. Ljudi uživaju u neprekidnoj sreći tako što prisustvuju bogosluženjima i banketima, i imaju međusobne srdačne razgovore.

Ako prisustvujete banketu u Novom Jerusalimu koji priređuje Lično Bog Otac, vi možete da gledate predstave i delite ljubav sa nebrojano mnogo ljudi iz različitih nebeskih mesta boravka.

Bog Trojednaki, koji je dugo i mukotrpno završio ljudsku kultivaciju, raduje se i srećan je gledajući Svoju voljenu decu.

Bog ljubavi mi je do detalja otkrio život u Novom Jerusalimu koji je neshvatljivo pun emocija. Razlog zbog koga sam ja mogao da nadvladam zlo dobrim i da volim svoje neprijatelje čak i kad sam bez ikakvog razloga patio je zato što je moje srce ispunjeno nadom za Novi Jerusalim.

Hajde da sada, scenom sa prvog banketa koji će biti održan u Novom Jerusalimu kao primerom, razmotrimo koliko je blagosloveno da se „postigne Božje srce" koje je čisto i lepo kao kristal.

1. Prvi banket u Novom Jerusalimu

Kao na zemlji, ima banketa i na nebu, i kroz njih možemo

veoma dobro da razumemo radost nebeskog života. Ovo je zato što na tim uvaženim mestima mi samo letimičnim pogledom možemo da vidimo bogatstvo i lepotu neba i uživamo u njima. Baš kao što ljudi na ovoj zemlji kite sebe najlepšim stvarima, i jedu, piju i uživaju u najboljim obrocima na banketu koji priređuje predsednik države, tako i kada se banket održava na nebu, on je ispunjen lepim igranjem, pevanjem i srećom.

Divni zvuk pohvale iz dvorane

Banket sala u Novom Jerusalimu je ogromna i veličanstvena. Ako prođete ulaz i uđete u prostoriju sa čijeg jednog kraja ne možete da vidite drugi, divni zvuk nebeske muzike povećava snažne emocije koje ste već osetili.

Čudesno je svetlo
koje je pre nego što je počelo vreme.
On obasjava sve
tim iskonskim svetlom.
On je izrodio Svoje Sinove
i napravio anđele.

Njegova slava je visoko
iznad neba i zemlje
i veličanstvena je.
Divna je njegova milost
koju On samu raširi.
On raširi svoje srce
i stvori svet.

Malim usnama hvalite Njegovu veliku ljubav.
Hvalite Gospoda
koji prima pohvale i raduje se.
Uzdignite Njegovo sveto ime
i hvalite ga zauvek.
Njegovo svetlo je čudesno
i vredi ga hvaliti.

Čist i elegantni zvuk muzike utapa se u raspoloženje i pridodaje uzbuđenje i takav mir kakav beba oseća na grudima svoje majke.

Velika vrata banket sale sa bojom belog dragog kamena su ukrašena nebeskim cvećem raznih oblika i boja i imaju ugravirane divnu šaru. Na svakom ćošku grada Novog Jerusalima možete da vidite da je Bog Otac do sitnih detalja pripremio čak i malu stvar u Svojoj prefinjenoj ljubavi za Svoju decu.

Proći vrata obojena bojom belog dragog kamena

Bezbroj ljudi u redu uđe kroz divna, velika vrata banket sale, a oni koji žive u Novom Jerusalimu ulaze prvi. Oni nose zlatne krune koje su višlje nego krune iz drugih mesta i odaju lepe i blage svetlosti. Ljudi nose bele jednodelne haljine koje sijaju sjajnim i blistavim svetlima. Njihov tekstil je lagan i mek kao svila i njiše se napred i nazad.

Haljina koja je dekorisana zlatom i raznim vrstama dragulja, sjajno je izvežena draguljima na vratu i rukavima, i u skladu sa nečijim nagradama vrste dragulja i mustra veza se razlikuju. Lepota i počast stanovnika Novog Jerusalim potpuno se razlikuju od onih koje imaju stanovnici drugih mesta na nebu.

Ne kao ljudi koji žive u Novom Jerusalimu, oni iz drugih mesta na nebu moraju da prođu kroz jedan proces kako bi prisustvovali banketu u Novom Jerusalimu. Ljudi iz Trećeg, Drugog, Prvog kraljevstva i Raja moraju da promene svoju odeću u specijalne haljine za Novi Jerusalim. Pošto se svetlo nebeskih tela razlikuje po tome sa kog mesta su ljudi došli, oni moraju da pozajme odgovarajuću odeću kako bi posetili mesta na nivoima višim od onih na kojima oni žive.

Zbog toga postoji posebno mesto gde se presvlači odeća. Ima mnogo odela Novog Jerusalima i anđeli pomažu ljudima da promene svoju odeću. Ipak, oni iz Raja, mada ih je malo, moraju da promene svoju odeću sami bez pomoći anđela. Oni menjaju svoju odeću u odeću Novog Jerusalima i duboko su dirnuti slavom te odeće. Oni još žale što nose odeću koju nisu dostojni da nose.

Ljudi iz Trećeg, Drugog ili Prvog kraljevstva nebeskog i Raja moraju da promene svoju odeću i pokažu pozivnice anđelima na ulazu banket sale da bi ušli.

Veličanstvena i blistava banket sala

Kada vas anđeli uvedu u banket salu, vi ne možete a da ne budete preplavljeni blistavim svetlima, raskoši i veličanstvenošću banket sale. Pod sale sija bojama belog dragulja bez ijedne mrlje ili mane, i ima mnogo stubova sa svake strane. Okrugli stubovi su čisti kao staklo, a unutrašnjost je ukrašena mnogim vrstama dragog kamenja kako bi se stvorila ovakva jedinstvena lepota. Kita cveća visi na svakom stubu da pridoda raspoloženju i kvalitetu banketa.

Koliko srećno i neodoljivo će to biti ako ste pozvani u balsku dvoranu koja je napravljena od belog mermera i blistavo sjajnog kristala! Koliko će još lepša i srećnija biti banket sala koja je napravljena od tako mnogo vrsta nebeskih dragulja!

Sa prednje strane banket sale Novog Jerusalima nalaze se dve pozornice koje daju uzvišen osećaj kao da ste se ponovo vratili u vreme i bili prisutni ceremoniji krunisanja drevnog vladara. U centru glavne pozornice je veliki presto boje belog dragulja za Boga Oca. Sa desne strane ovog prestola je presto Gospoda a na levoj strani je presto počasnog gosta na prvom banketu. Ovi prestoli su okruženi blistavim svetlostima i veoma su visoki i veličanstveni. Na nižoj pozornici, sedišta za proroke su postavljena u skladu sa nebeskim rangiranjem da izraze dostojanstvenost Boga Oca.

Ova banket sala je dovoljno velika da smesti bezbrojne zvanice, nebeske građane. Sa jedne strane banket sale je nebeski orkestar sa arhanđelom kao dirigentom. Ovaj orkestar svira nebesku muziku da doprinese radosti i sreći ne samo tokom banketa, već i pre nego što banket počne.

Anđeli vas vode do mesta

One koji su ušli u banket salu prate anđeli do njihovih već određenih mesta, a ljudi iz Novog Jerusalima sede napred, za njima su oni iz Trećeg, Drugog, i Prvog kraljevstva, i Raja.

Oni koji su iz Trećeg kraljevstva takođe nose krune, koje su potpuno drugačije od kruna Novog Jerusalima, i oni moraju da stave okruglo obeležje na desnoj strani kruna da bi bi se razlikovali od ljudi iz Novog Jerusalima. Oni koji su iz Drugog i Prvog kraljevstva moraju da stave okruglo obeležje na levoj strani grudi kako bi se odmah razlikovali od ljudi iz Trećeg kraljevstva ili Novog Jerusalima. Ljudi iz Drugog i Prvog kraljevstva nose krune, ali ljudi iz Raja nemaju nikakvu krunu da nose.

Oni koji su pozvani u Novi Jerusalim na banket zauzimaju mesta i čekaju na ulazak Boga Oca, domaćina ovog banketa, pometenih misli, ispravljajući odeću, i tako dalje. Kako se oglasi truba da oglasi ulazak Oca, svi ljudi u banket sali ustaju da dočekaju svog domaćina. Tada i oni koji nisu pozvani na banket ipak mogu da učestvuju u događaju putem sistema direktnog emitovanja instaliranog u njihovim dotičnim stanovima širom neba.

Otac ulazi u salu na zvuk trube

Na zvuk trube, mnogi arhanđeli koji prate Boga Oca će ući prvi, a onda će slediti Njegovi voljeni praoci vere. Sada je svako i sve spremno da primi Boga Oca. Ljudi koji posmatraju ovaj prizor su više nego nestrpljivi da vide Ova i Gospoda, i oni upiru svoje poglede napred.

Na kraju, uz sjaj blistavih i veličanstvenih svetala, Bog Otac ulazi. Njegova pojava je veličanstvena i uzvišena, ali u isto vreme tako nežna i sveta. Njegova nežno talasasta kosa zlatno sija, a tako blistava svetlost izlazi iz Njegovog lica i celog tela da ljudi ne mogu dobro ni da otvore oči.

Kada se Bog Otac popne do prestola, nebeska vojska i anđeli, proroci koji su čekali na pozornici, i svi ljudi u banket sali pognu svoje glave da bi Mu iskazali poštovanje. To je tako velika čast videti Boga Oca, Kreatora i Vladara svega, lično kao biće. Koliko je ovo radosno i osećajno! Međutim, ne mogu ga svi gosti videti. Ljudi iz Raja, Prvog kraljevstva i Drugog kraljevstva ne mogu da podignu svoja lica zbog blistave svetlosti. Oni samo liju suze radosti i osećanja u zahvalnosti za činjenicu da bar mogu da budu na ovom banketu.

Gospod predstavlja počasnog gosta

Nakon što Bog Otac sedne na Njegov presto, Gospod ulazi predvođen divnim i elegantnim arhanđelom. On nosi visoku i divnu krunu i blistavi, beo i dugačak ogrtač. On izgleda dostojanstveno i pun je veličanstvenosti. Gospod se iz učtivosti prvo klanja Bogu Ocu, prima izraze poštovanja od anđela, proroka i svih drugih ljudi, i uzvraća im osmeh. Bog Otac, koji sedi na prestolu, je zadovoljan što vidi sve ljude koji prisustvuju banketu.

Gospod odlazi na podijum i predstavlja počasnog gosta prvog banketa, i do detalja govori sve o njegovom službovanju koje je pomoglo da se završi ljudska kultivacija. Neki od prisutnih na banketu pitaju se ko je to, a oni koji već znaju o njemu obraćaju pažnju na Gospoda sa velikim iščekivanjem.

Konačno, Gospod završava Svoje komentare objašnjenjem koliko je ovaj čovek voleo Boga Oca, koliko se trudio da spasi mnogo duša, i koliko je potpuno ispunio Božju volju. Onda, Bog Otac preplavljen radošću i ustaje da dočeka počasnog gosta na prvom banketu, kao što otac dočekuje svog sina koji se vraća kući sa velikim uspehom, kao što kralj prima generala pobednika. U banket sali, koja je ispunjena iščekivanjem i podrhtavanjem, zvuk trube oglašava se još jednom i onda počasni gost ulazi, sijajući blistavo.

On nosi visoku i veličanstvenu krunu i dugačak beli ogrtač kao što ima Gospod. On takođe izgleda dostojanstveno, ali ljudi mogu da osete njegovu nežnost i milost sa njegovog lica koje liči na Boga Oca.

Kada počasni gost prvog banketa uđe, ljudi ustaju i počinju da kliču podignutih ruku kao da prave talase. Oni se okreću i raduju se grleći jedni druge. Na primer, na finalnoj utakmici Svetskog kupa, kada lopta prođe pored golmana što donosi pobedu, svi ljudi pobedničke zemlje prisutni samom događaju ili koji gledaju u svojim domovima, raduju se i navijaju, grle jedni druge, razmenjujući baci-pet, i tako dalje. Slično tome, banket sala u Novom Jerusalimu je prepuna radosnog bodrenja.

2. Proroci u prvo rangiranoj grupi na nebu

Šta, onda, treba tačno da uradimo kako bi bili stanovnici Novog Jerusalima i prisustvovali prvom banketu? Mi ne samo što treba da prihvatimo Isusa Hrista i primimo Svetog Duha kao dar, već takođe trebamo da odgajimo devet plodova Svetog Duha i ličimo na Božje srce koje je tako čisto i divno kao kristal. Na nebu, poredak je dodeljen prema stepenu do koga je pojedinac posvećen da sliči Božjem srcu.

Otuda, čak i na prvom banketu u Novom Jerusalimu, proroci ulaze u skladu sa njihovim nebeskim rangom kada Bog Otac uđe u salu. Viši proroci ili drugi praoci vere su u takvom rangu da mogu da stoje bliže Božjem prestolu. Slično tome, pošto se nebom upravlja po redu zasnovanom na rangiranju, mi znamo da moramo da ličimo na Božje srce da bi bili bliži Njegovom prestolu.

Sada, dozvolite nam da, kroz život proroka u prvo rangiranoj grupi na nebu, razmotrimo vrstu srca koje je čisto i divno kao kristal, kao što je srce Božje, i kako da potpuno ličimo na njega.

Ilija je bio uzdignut gore bez da je video smrt

Od svih ljudskih bića koja su bila kultivisana na zemlji, najviši po rangu je Ilija. Kroz Bibliju vi možete da vidite da je svaki deo Ilijinog života svedočio o živom Bogu, jedinom pravom Bogu. On je bio prorok u vreme Kralja Ahaba u severnom kraljevstvu Izraela, gde je idolopoklonstvo bujalo. On se sukobio sa 850 proroka koji su obožavali idole i spustio je vatru sa neba. Ilija je takođe doneo jaku kišu posle tri i po godine suše.

> *Ilija beše čovek smrtan kao i mi, i pomoli se Bogu da ne bude dažda, i ne udari dažd na zemlju za tri godine i šest meseci. I opet se pomoli i nebo dade dažd, i zemlja iznese rod svoj* (Jakovljeva Poslanica 5:17-18).

Štaviše, kroz Iliju, šaka brašna u ćupu i malo ulja u vrču trajalo je dok se gladovanje nije završilo. On je oživeo mrtvog sina udovice i razdvojio je reku Jordan. Na kraju, uhvaćen u uraganu,

Ilija je otišao na nebo (2 Knjiga Kraljevima 2:11).

Šta je onda bio razlog što je Ilija, koji je bio ljudsko biće kao mi, mogao da izvodi Božja moćna dela i čak izbegne smrt? Ovo je zato što je ispunio srce čisto i divno kao kristal koje liči na Boga kroz mnogo iskušenja tokom njegovog života. Ilija je potpuno verovao u Boga u svim situacijama i uvek se povinovao Njemu.

Kada mu je Bog zapovedio, prorok je otišao pred kralja Ahaba koji je pokušao da ga ubije, i proglasio je da je Bog jedini istinski Bog ispred bezbrojnih ljudi. Zato i tako je on dobio Božju moć, manifestovao Njegova moćna dela da mnogo slavi Boga, i dostigao je da uživa u počastima i slavi zauvek.

Enoh je hodao sa Bogom 300 godina

Šta je sa slučajem Enoha? Poput Ilije, Enoh je takođe bio uzdignut na nebo bez da je vido smrt. Iako ga Biblija ne spominje toliko mnogo, mi ipak možemo da osetimo koliko je ličio na Božje srce.

> *A Enoh požive šezdeset pet godina, i rodi Matusala. A rodiv Matusala požive Enoh jednako po volji Božjoj trista godina, rađajući sinove i kćeri. Tako požive Enoh svega trista šezdeset pet godina. I živeći Enoh jednako po volji Božjoj, nestade ga jer ga uze Bog (Postanak 5:21-24).*

Enoh je počeo da hoda sa Bogom u šezdeset petoj godini. On je bio tako mio Božjim očima zato što je ličio na Božje srce. Bog je sa njim duboko komunicirao, hodao je sa njim 300 godina, i odveo ga živog da ga smesti blizu Samog Boga. Ovde „hodao sa Bogom" znači da je Bog sa tom određenom osobom u svemu, i Bog je tri veka bio sa Enohom gde god da je on išao.

Ako idete na put, sa kakvom osobom bi želeli da idete? Put će biti ugodan ako idete sa osobom sa kojom možete da podelite svoje misli. Na isti način, mi shvatamo da je Enoh bio jedan u srcu sa Bogom i tako je mogao da hoda sa Bogom.

Pošto je Bog u biti u svetlost, dobrota i ljubav, mi ne smemo da imamo nimalo tame u nama kako bi šetali sa Bogom već treba da imamo preplavljujuću dobrotu i ljubav. Enoh je sam ostao sveti iako je živeo u grešnom svetu, i donosio je Božju volju ljudima (Judina Poslanica 1:14). Biblija ne govori da je on postigao nešto veliko ili izvršio neku posebnu dužnost. Ipak, zato što se Enoh plašio Boga duboko u srcu, izbegavao zlo i živeo posvećeni život da bi mogao da hoda sa Njim, Bog ga je uzeo da ga brže stavi na mesto blizu Njega.

Zato, Poslanica Jevrejima 11:5, nam govori: „*Verom bi Enoh prenesen da ne vidi smrt; i ne nađe se, jer ga Bog premesti, jer pre nego ga premesti, dobi svedočanstvo da ugodi Bogu.*" Isto tako, Enoh koji je posedovao veru da udovolji Bogu, bio je blagosloven da uvek hoda sa Bogom, bio je uzdignut na nebo bez da je video smrt, i postao je drugo rangirana osoba na nebu.

Avram je nazvan prijateljem Božjim

Sada, kakvo je to lepo srce Avram imao da je nazvan prijateljem Božjim i bio treće rangirani na nebu?

Avram je potpuno verovao Bogu i povinovao Mu se potpuno.

Kada je on napuštao svoju rodnu zemlju po Božjoj zapovesti, on čak nije znao ni odredište već je u pokoravanju napustio svoje rodno mesto i svoje domaćinstvo. Štaviše, kada mu je bilo zapoveđeno da da svog sina kao vatrenu žrtvu, koga je on dobio u 100. godini, on se odmah pokorio. On je verovao Bogu koji je dobar i svemoguć, i koji je mogao da digne mrtve.

Niti je Avram bio imalo sebičan. Na primer, kada je imovina njegovog nećaka Lota bila tako velika da nisu mogli da ostanu zajedno, Avram je dozvolio da Lot prvi odluči, govoreći mu: *„Nemoj da se svađamo ja i ti, ni moji pastiri i tvoji pastiri; jer smo braća. Nije li ti otvorena cela zemlja? Odeli se od mene; ako ćeš ti na levo, ja ću na desno; ako li ćeš ti na desno ja ću na levo"* (Postanak 13:8-9).

U jednom slučaju, mnogi kraljevi su se ujedinili i zauzeli su Sodomu i Gomoru i prigrabili svu robu i hranu, i uhvatili Lota koji je živeo u Sodomi. Onda je Avram uzeo 318 ljudi rođenih i treniranih u njegovom domaćinstvu, oterao kraljeve i vratio robu i hranu. Kralj Sodome želeo je da da Avramu nešto od povraćene robe kao znak zahvalnosti, ali on je odbio. Avram je to učinio da dokaže da njegovi blagoslovi dolaze samo od Boga. Takođe, Avram se povinovao u veri za Božju salvu sa srcem koje je čisto i divno kao kristal. Zbog toga ga je Bog blagoslovio obilno na ovoj zemlji kao i na nebu.

Mojsije, vođa Izlaska

Kakvo srce je imao Mojsije, vođa Izlaska, da je četvrto rangirani na nebu? Brojevi 12:3, nam govore: *„A Mojsije beše čovek vrlo krotak mimo sve ljude na zemlji."*

U Judinoj Poslanici je scena u kojoj se arhanđel Mihajlo spori sa đavolom zbog tela Mojsijevog, i ovo je zato što je Mojsije imao kvalifikacije da bude podignut na nebo bez da vidi smrt. Kada je Mojsije bio princ Egipta, on je jednom ubio Egipćanina koji je tukao Jevrejina. Zbog ovog đavo je osuđivao Mojsija da mora da vidi smrt.

Ipak, arhanđel Mihajlo se posvađao sa đavolom, govoreći da je Mojsije odbacio sve grehove i zlo i ima kvalifikacije da bude podignut na nebo. U Jevanđelju po Mateju 17 čitamo da su Mojsije i Ilija sišli sa neba da bi razgovarali sa Isusom. Iz ovih činjenica možemo da zaključimo šta se dogodilo sa Mojsijevim telom.

Mojsije je morao da pobegne iz faraonske palate zbog ubistva koje je počinio. Onda je gajio ovce u pustinji četrdeset godina. Kroz iskušenje u pustinji, Mojsije je uništio sav svoj ponos, želje, i svoju sopstvenu pravednost koju je imao kao princ u Faraonovoj palati. Samo posle toga mu je Bog dao zadatak da izvede Izraelce iz Egipta.

Sada Mojsije, koji je jednom ubio osobu i pobegao, morao je da se ponovo vrati kod faraona i izvede iz Egipta Izraelce koji su bili robovi 400 godina. Ovo je izgledalo nemoguće po ljudskim merilima, ali Mojsije se povinovao Bogu i izašao pred faraona. Nije mogao svako da bude vođa da izvede milione Izraelaca iz Egipta i vodi ih u zemlju Hanan. Zbog toga je Bog prvo oplemenio Mojsija u pustinji tokom četrdeset godina i napravio ga velikim telom koje je moglo da zagrli i podnese sve Izraelce. Na ovaj način, Mojsije je postao osoba koja je mogla da se povinuje sve do same smrti kroz iskušenja i mogao je da obavi dužnost vođenja Izlaska. Mi iz Biblije možemo lako da vidimo koliko je veliki bio Mojsije.

I vrati se Mojsije ka GOSPODU, i reče: "Molim Ti se; narod ovaj ljuto sagreši načinivši sebi bogove od zlata. Ali oprosti im greh: Ako li nećeš, izbriši me iz knjige svoje, koju si napisao!" (Izlazak 32:31-32)

Mojsije je dobro znao da izbrisati njegovo ime iz knjige GOSPODOVE nije samo značilo fizičku smrt. Znajući dobro da će oni čija imena nisu zapisana u Knjizi života biti bačeni u vatru pakla, večnu smrt i da će patiti zauvek, Mojsije je bio voljan da uzme večnu smrt za oproštaj ljudskih grehova.

Šta je Bog mogao da oseti gledajući ovakvog Mojsija? Bog je bio veoma zadovoljan njime zato što je u potpunosti shvatio Božje srce koje mrzi greh a ipak želi da spasi grešnike; Bog je odgovorio njegovoj molitvi. Bog je smatrao samog Mojsija važnijim od svih Izraelaca zato što je on imao srce koje je bilo ispravno u Božjim očima i bilo je čisto kao voda života koja izvire iz Njegovog prestola.

Da postoji dijamant veličine pasulja bez ijedne mane ili mrlje, i stotine dijamanata veličine pesnice, koji biste smatrali vrednijim? Niko ne bi menjao komad dijamanta za obično kamenje.

Zato, shvatajući činjenicu da je vrednosti samog Mojsija, koji je ispunio Božje srce u sebi, bila daleko veća od svih ljudi Izraela zajedno, mi treba da ispunimo srca koja su čista i divna kao kristal.

Pavle, apostol neznabožaca

Peti po nebeskom rangu je apostol Pavle koji je svoj život posvetio evangelizaciji neznabožaca. Iako je bio odan kraljevstvu Božjem sve do same smrti sa vrlo mnogo strasti, u jednom uglu svog uma on je uvek osećao žalost da je jednom progonio vernike Isusa Hrista pre nego što je prihvatio Gospoda. Zbog toga je on priznao u 1 Poslanici Korinćanima 15:9: *„Jer ja sam najmlađi među apostolima, koji nisam dostojan nazvati se apostol, jer gonih crkvu Božiju."*

Međutim, pošto je bio tako dobar sluga, Bog je njega izabrao, pročistio ga, i iskoristio ga kao apostola za neznabošce. Od 2 Poslanica Korinćanima pa dalje, opisuje do detalja mnoge teškoće koje je on propatio dok je propovedao jevanđelje, i možemo da vidimo da je on toliko mnogo patio da je gubio nadu čak i u život. On je bio šiban i zatvaran mnogo puta. Pet puta je dobio od Jevreja četrdeset udaraca šibom, manje jedan; tri puta je bio pretučen štapom; jednom je bio kamenovan; tri puta je doživeo brodolom; proveo je dan i noć na otvorenom moru; često je ostajao bez sna; on je znao za glad i žeđ i često je išao bez hrane; bilo mu je hladno i bio je nag (2 Poslanica Korinćanima 11:23-27).

Pavle je patio toliko mnogo da je priznao u 1 Poslanici Korinćanima 4:9: *„Jer mislim da Bog nas apostole najstražnje postavi, kao one koji su na smrt osuđeni; jer bismo gledanje i svetu i anđelima i ljudima."*

Zašto je, onda, Bog dozvolio toliko mnogo teškoća i proganjanja Pavlu koji je bio odan sve do same smrti? Bog je mogao da zaštiti Pavla od teškoća, ali On je želeo da kroz ove teškoće Pavle dobije srce čisto i divno kao kristal. Posle svega, apostol Pavle je mogao ponovo da dobije utehu i raduje se samo u Bogu, porekne potpuno sebe, i da ima savršen oblik Hrista. Sada je mogao da prizna u 2 Poslanici Korinćanima 11:28: *„Osim što je spolja, navaljivanje ljudi svaki dan, i briga za sve crkve."*

On je takođe priznao u Poslanici Rimljanima 9:3: *„Jer bih želeo da ja sam budem odlučen od Hrista za braću svoju koja su mi rod po telu."* Pavle, koji je imao ovakvo srce čisto i divno kao kristal, ne samo da je mogao da uđe u Novi Jerusalim već i da boravi blizu Božjeg prestola.

3. Prelepa žena u Božjim očima

Mi smo već razmotrili prvi banket Novog Jerusalima. Kada Bog Otac uđe u salu, iza Njega je jedna žena. Ona je u pratnji Boga Oca u beloj haljini koja skoro da dodiruje pod i ukrašena je mnogim vrstama dragog kamenja. Ta žena je Marija Magdalena. Imajući u vidu okolnosti u to vreme u kojima su javne uloge žena bile ograničene, ona nije mogla mnogo da uradi da ispuni Božje kraljevstvo, ali pošto je ona bila tako lepa žena u Božjim očima, ona je mogla da uđe u najcenjenije mesto na nebu.

Baš kao što ima rangova između proroka u skladu sa tim koliko liče na Božje srce, žene na nebu, takođe, imaju red u kome su svrstavane u skladu sa stepenom do koga ih Bog priznaje i voli.

Onda, kakav način života su te žene vodile da ih Bog prizna i voli, i da postanu počasni ljudi na nebu?

Marija Magdalena je prva srela uskrslog Gospoda

Žena koju Bog najviše voli je Marija Magdalena. Dugo vremena, ona je bila okovana moćima tame i od drugih je dobijala samo prezir i osudu, i patila je od raznih bolesti. U jednom od onih teških dana, ona je čula novosti o Isusu, spremila je skupi parfem i otišla je pred Njega. Ona je čula da je Isus došao u kuću jednog od Fariseja i otišla je tamo, ali nije mogla da se usudi da stane pred Njega, iako je žarko žudila da Ga vidi. Ona je išla za Njim, kvasila Mu noge svojim suzama, brisala ih svojom kosom, i slomila je bokal i parfem prosula po Njemu. Kroz ovaj čin vere je bila oslobođena bolova od bolesti, i bila je veoma zahvalna. Od tada pa nadalje, ona je volela Isusa toliko mnogo i pratila Ga gde god da je On otišao, i postala je tako lepa žena koja je posvetila ceo svoj život Njemu (Jevanđelje po Luki 8:1-3).

Ona je pratila Isusa čak i kada je bio razapet i izdahnuo Svoj poslednji dah, iako je znala da samo njeno prisustvo može ugroziti njen život. Marija je otišla iznad nivoa da samo uzvraća milost koju je dobila, već je pratila Isusa, i žrtvovala je sve uključujući i svoj život.

Marija Magdalena, koja je volela Isusa toliko mnogo, postala je prva osoba koja je srela Gospoda posle Njegovog uskrsnuća. Ona je postala najveća žena u istoriji čovečanstva zato što je imala tako dobro srce i divna dela koja su dirnula čak i Boga.

Devica Marija je bila blagoslovena da začne Isusa

Druga među najlepšim ženama po Božjem viđenju je Devica Marija, koja je bila blagoslovena da začne Isusa, koji je postao

Spasitelj celog čovečanstva. Pre oko 2000 godina, Isus je morao da dođe u telu da iskupi sve ljude od njihovih grehova. Kako bi se ovo ispunilo, bila je potrebna odgovarajuća žena po Božjim merilima i Marija, koja je u to vreme bila verena za Josifa, je bila izabrana. Bog ju je unapred obavestio kroz arhangela Gavrila da će ona začeti Isusa pomoću Svetog Duha. Bez ikakve ljudske misli u sebi Marija je smelo ispovedila svoju veru: *„Evo sluškinje Gospodnje; neka mi bude po reči tvojoj"* (Jevanđelje po Luki 1:26-38).

U to vreme ako devica ostane trudna, ona ne samo da je morala biti javno osramoćena već je bila i kamenovana do smrti po Mojsijevom zakonu. Međutim, ona je duboko u svom srcu verovala da ništa nije nemoguće sa Bogom i tražila je da to bude učinjeno kao što je rečeno. Ona je imala dovoljno dobro srce da se povinuje Božjoj Reči čak iako je to moglo da je košta života. Koliko srećna i zahvalna bi ona mogla da bude prvo kada je začela Isusa ili kada Ga je gledala da raste u moći Božjoj. To je bio takav blagoslov koji se dogodio Mariji, običnom biću.

Zbog toga je ona bila tako srećna što je samo gledala Isusa, i ona je služila i volela Njega više od svog života. Na ovaj način, Devica Mariju je obilno blagoslovio Bog i primila je večnu slavu odmah uz Mariju Magdalenu među svim ženama na nebu.

Jestira se nije ničega plašila za Božju volju

Jestira, koja je sa verom i ljubavlju hrabro spasila svoj narod, postala je lepa žena u Božjim očima i dostigla najpoštovanije mesto na nebu.

Pošto je persijski kralj Kserks oduzeo kraljevski položaj kraljici

Vašiti, Jestira je bila izabrana među mnogim lepim ženama i postala je kraljica mada je bila Jevrejka. Kralj i mnogi ljudi su je voleli zato što niti je pokušavala da se pokaže niti je bila ponosna, već se ukrašavala čistotom i elegancijom mada je već bila veoma lepa.

U međuvremenu, dok je imala kraljevsku poziciju, Jevreji su se suočili sa velikom krizom. Haman Agag, koji je bio kraljev miljenik, se razljutio kada Jevrejin po imenu Mardohej nije kleknuo pred njim i odao mu počast i poštovanje. Zato je on napravio zaveru da uništi sve Jevreje u Persiji i dobio je dozvolu od kralja da tako učini.

Jestira je postila tri dana za svoj narod i odlučila je da ode pred kralja (Ester 4:16). U skladu sa tadašnjim persijskim zakonom, ako neko ode pred kralja bez da ga je on pozvao, on ili ona moraju biti ubijeni, osim kada kralj ispruži svoje zlatno žezlo ka toj osobi. Nakon njenog trodnevnog posta, Jestira se pouzdala u Boga i otišla je pred kralja sa odlukom: *„Ako stradam, neka stradam."* Kao ishod Božjeg posredovanja, Haman, koji je kovao zaveru, je i sam ubijen. Jestira ne samo da je spasila svoj narod već ju je kralj više voleo.

Takođe, Jestira je bila priznata kao lepa žena i dostigla je uzvišenu poziciju na nebu zato što je bila jaka u istini i imala je hrabrosti da se odrekne svog života ako je to bilo po volji Božjoj.

Rut je imala divno i dobro srce

Sada, hajde da se udubimo u Rutin život, koja je u Božjim očima takođe bila priznata kao divna žena i postala je jedna od najvećih žena na nebu. Kakvo srce i dela je ona imala da udovolji Bogu i da bude blagoslovena?

Rut Moabita se udala za jednog Izraelca čija se porodica doselila u Moab zbog gladi, ali ubrzo je izgubila muža. Svi muškarci u njenoj porodici su rano umrli, tako da je ona živela sa svekrvom Naomijom i jetrvom Orfom. Naomija, zabrinuta za njihovu budućnost, predložila je njenim dvema snajama da se vrate u svoje porodice. Orfa je napustila Naomiju u suzama ali Rut je ostala, dajući sledeću emocionalnu izjavu:

> *Ne naređuj mi da te ostavim i odvratim se u tvom praćenju; gde god da ideš, ja ću ići, i gde se ti nastaniš i ja ću se nastaniti. Tvoj narod treba da bude moj narod, i tvoj Bog, moj Bog. Gde ti umreš, ja ću umreti, i tamo ću biti sahranjena. Ipak možda će mi GOSPOD učiniti, i gore, ako nešto osim smrti rastavi tebe i mene.*

Pošto je Rut imala ovakvo predivno srce, ona nikada nije mislila o svojoj dobrobiti već je samo pratila dobrotu čak iako je to moglo da je ugrozi, i izvršavala je svoju dužnost da odano služi svoju svekrvu sa radošću.

Rutino delo služenja svekrve je bilo tako divno da je celo selo znalo za Rutinu odanost i voleli su je. Napokon, uz pomoć svekrve, ona se udala za čoveka po imenu Boaz, rođak-iskupitelj. Ona je rodila sina i postala pra-prabaka kralju Davidu (Rut 4:13-17). Štaviše, Rut je bila blagoslovena da bude u Isusovom rodoslovu, mada je bila žena neznabožac (Jevanđelje po Mateju 1:5-6), i postala je jedna od najlepših žena na nebu, odmah iza

Jestire.

4. Marija Magdalena boravi blizu Božjeg prestola

Šta je, onda razlog da nam je Bog dozvolio da znamo o prvom banketu u Novom Jerusalimu i o poretku proroka i žena? Bog ljubavi ne želi samo da svi ljudi dobiju spasenje i dostignu kraljevstvo na nebu, već i da liče na Njegovo srce kako bi mogli da budu bliži Njegovom prestolu u Novom Jerusalimu.

Kako bi dobili čast da boravimo blizu Božjeg prestola u Novom Jerusalimu, naša srca moraju da liče na Njegovo srce koje je čisto i divno kao kristal. Mi moramo da ispunimo predivno srce kao dvanaest kamenova temeljaca zidova grada Novog Jerusalima.

Zato, od sada pa na dalje, mi ćemo se udubiti u život Marije Magdalene, koja je služila Bogu Ocu boraveći blizu Njegovog prestola. Dok sam se molio za „Predavanja o jevanđelju po Jovanu" došao sam do detaljnog saznanja o životu Marije Magdalene kroz inspiraciju Svetog Duha. Bog mi je otkrio u kakvoj je porodici Marija Magdalena rođena, kako je živela, i u koliko srećnom životu je mogla da uživa nakon što je srela Isusa našeg Spasitelja. Ja se nadam da ćete vi da sledite njeno divno i dobro srce koje u svemu krivicu preuzima na sebe, i njenu nesebičnu ljubav za Gospoda, kako bi i vi mogli da imate čast da boravite blizu Božjeg prestola.

Ona je rođena u porodici koja je obožavala idole

Ona je dobila ime „Marija Magdalena" zato što je rođena u selu zvanom „Magdalena" koje je bilo puno obožavanja idola. Njena porodica nije bila izuzetak; kletva je bačena na njenu porodicu za mnogo generacija zbog ozbiljnog obožavanja idola i bilo je mnogo problema.

Marija Magdalena, koja je rođena u najgoroj duhovnoj situaciji, nije mogla da jede kako treba zbog gastroenteričkog poremećaja. Takođe, zato što je bila fizički slaba većinom vremena, njeno telo je bilo sklono skoro svim vrstama bolesti. Štaviše, čak i njen mesečni ciklus je prestao u ranim godinama i ona je tako izgubila tu važnu ulogu žene. Zbog toga je ona uglavnom ostajala kod kuće i unizila je sebe kao da nije bila prisutna. Međutim, iako su je čak i članovi njene porodice omalovažavali i ophodili se prema njoj hladno, ona se nikada na njih nije žalila. Umesto toga, ona ih je razumela i pokušala je da im bude izvor snage preuzimajući sav sram na sebe. Kada je shvatila da ne može da da snagu članovima svoje porodice već će im ostati teret, ona je napustila porodicu. Ovo nije bilo iz mržnje ili gađenja zbog maltretiranja već samo zato što ona nije htela da im bude teret.

Dajući sve od sebe, preuzela je svu krivicu na sebe

U međuvremenu, ona je srela čoveka i pokušala je da se osloni na njega, ali on je bio čovek zlog srca. On nije pokušao da podrži porodicu već se umesto toga kockao. On je tražio da mu Marija Magdalena donese još više novca, često je vikao na nju i tukao je.

Marija Magdalena počela je da šije dok je tražila stabilniji izvor prihoda. Ipak, zato što je prirodno bila slaba i radila je po ceo dan, ona je postala još slabija pa je morala da se oslanja na nekoga drugog čak i da se kreće. Međutim, čak iako je ona izdržavala tog čoveka, on joj nije čak ni bio zahvalan već je samo zanemarivao i ponižavao. Marija Magdalena ga nije mrzela već joj je umesto toga bilo žao što nije mogla da bude od veće pomoći tom čoveku zbog njenog slabog tela, i smatrala je sva njegova maltretiranja opravdanim.

Dok je bila u tako očajnoj situaciji, zaboravljena od roditelja, braće i čoveka, ona je čula veoma dobre vesti. Čula je vesti o Isusu koji je izvodio divna čudesa kao što su da slepi progledaju i nemi da progovore. Kada je Marija Magdalena čula o svim ovim stvarima, ona nije ni malo sumnjala u znakove i čuda koje je izvodio Isus zato što je njeno srce bilo tako dobro. Umesto toga, ona je imala veru da će njena slabost i bolesti odmah biti izlečene kada jednom sretne Isusa.

Ona je žudela u veri da sretne Isusa. Konačno je čula da je Isus došao u njeno selo i da je odseo u kući Fariseja po imenu Simon.

Prolila je miris sa verom

Marija Magdalena je bila tako srećna da je kupila parfem novcem koji je uštedela od šivenja. Šta je prolazilo kroz njena osećanja dok nije srela Isusa ne može se adekvatno opisati.

Ljudi su pokušali da je spreče da priđe Isusu zbog njene bedne odeće, ali niko zaista nije mogao da zaustavi njenu strast. Bez obzira na oštre ljudske poglede, Marija Magdalena je stala ispred Isusa i prolila je svoje beskrajne suze kako je videla Njegovu plemenitu figuru.

Ona nije mogla da se usudi da stane ispred Isusa, tako da je otišla iza Njega. Kada je bila kod Njegovih stopala, ona je prolila čak još više suza i natopila Njegova stopala. Ona je obrisala Njegova stopala njenom kosom i slomila je boca parfema da ga prolije po njima, zato što je za nju On bio veoma dragocen.

Pošto je Marija Magdalena došla pred Isusa sa toliko mnogo iskrenosti, njoj ne samo da su bili oprošteni gresi da bi dostigla spasenje već se desilo i čudesno delo izlečenja pa su izlečene sve njene unutrašnje bolesti kao i njena kožna bolest. Svi delovi njenog tela počeli su da normalno funkcionišu ponovo, i ponovo je dobila mesečni ciklus. Njeno lice koje je izgledalo tako grozno zbog mnogih bolesti bilo je ispunjeno radošću i srećom, a njeno telo koje je bilo veoma slabo postalo je zdravo. Ona je pronašla vrednost žene ponovo, i više nije bila vezana za moć tame.

Prateći Isusa sve do kraja

Marija Magdalena je iskusila nešto za šta je bila još zahvalnija nego na izlečenju. To je bila činjenica da je srela osobu koja joj je dala obilnu ljubav koju nikada ni od koga nije ranije dobila. Od ovog vremena pa nadalje, ona je posvetila sve svoje vreme i strast Isusu sa tako mnogo radosti i zahvalnosti. Pošto se njeno zdravlje povratilo, ona je mogla da finansijski podrži Isusa šivenjem ili drugim radovima, i mogla je da Ga prati svim svojim srcem.

Marija Magdalena nije samo pratila Isusa kad je izvodio znakove i čuda i menjao živote mnogima sa moćnim porukama, već je bila sa Njim i kada su Ga rimski vojnici kaznili i kad je uzeo krst. Čak i kada je Isus bio obešen na krstu, ona je bila tamo. Uprkos činjenici da je samo njeno prisustvo moglo da ugrozi njen život, Marija Magdalena se popela na Golgotu prateći Isusa koji je nosio krst.

Šta je mogla da oseća dok je Isus, koga je ona iskreno volela, trpeo tako mnogo bola i prolio svu njegovu vodu i krv?

Gospode, šta da uradim,
šta da uradim?
Gospode, kako mogu da živim?
Kako mogu da živim bez Tebe, Gospode?

...

Kada bih samo mogla da uzmem krv
Tvoju prolivenu,
Kada bih samo mogla da uzmem bol
od koje Ti patiš

...

Gospode,
ja ne mogu da živim bez Tebe.
Ja ne mogu da živim
ukoliko nisam sa Tobom.

Marija Magdalena nije odvratila svoje oči od Isusa sve dok On nije izdahnuo Svoj poslednji dah, i pokušala je da ureže sjaj Njegovog oka i Njegovo lice duboko u svom srcu. Štaviše, ona je gledala Isusa sve do Njegovog poslednjeg momenta i pratila je Josifa iz Arimatea, koji je stavio Isusovo telo u grobnicu.

Svedočenje Gospodovom uskrsnuću u zoru

Marija Magdalena je sačekala da prođe Sabat, i u zoru prvog dana posle Sabata, ona je otišla do grobnice da stavi parfem na telo Isusa. Međutim, ona nije mogla da nađe Njegovo telo. Ona je bila duboko rastužena i plakala je tamo, a uskrsli Isus joj se pojavio. Tako je ona imala čast da sretne uskrslog Isusa pre svih drugih.

Čak i pošto je Isus umro na krstu, ona nije mogla da veruje u ovu činjenicu. Isus je bio njeno sve i ona je Njega veoma mnogo volela. Koliko srećna je ona mogla da bude kada je srela uskrslog Isusa u tako strašnoj situaciji! Ona nije mogla da zaustavi suze usled jakih emocija. Najpre nije prepoznala Gospoda, ali kada ju je On nežnim glasom pozvao: „Marija", ona je mogla da Ga prepozna. U Jevanđelju po Jovanu 20:17 uskrsnuli Gospod joj govori: *„Ne dohvataj se do mene, jer se još ne vratih k Ocu svom; nego idi k braći mojoj, i kaži im: 'Vraćam se k Ocu svom i Ocu vašem, i Bogu svom i Bogu vašem.'"* Zato što je Gospod takođe voleo Mariju Magdalenu veoma mnogo, On joj Se pokazao pre nego što je sreo Oca nakon vaskrsenja.

Prenela je vesti o Isusovom vaskrsenju

Možete li da zamislite koliko mora da je Marija Magdalena nekontrolisano bila srećna kada je videla vaskrslog Isusa koga je volela veoma mnogo? Ona je priznala da je želela da ostane zauvek sa Gospodom. Gospod je znao njeno srce, ali joj je objasnio da trenutno ne može da ostane sa Njim i dao joj je misiju. Ona je trebala da prenese vest o Njegovom vaskrsenju učenicima zato što je trebalo da srede misli i da se uteše posle šoka zbog Isusovog raspeća.

U Jevanđelju po Jovanu 20:18 vidimo da: *„A Marija Magdalina otide, i javi učenicima: 'Ja sam videla Gospoda,' i tada Gospod joj kaza ovo."* Činjenica da je Marija Magdalena bila svedok vaskrsenju Gospodovom pre svih drugih i da je prenela vesti učenicima nije bila slučajnost. To je bio ishod sve njene požrtvovanosti i služenju Gospodu sa njenom strastvenom ljubavlju prema Njemu.

Da je Pilat pitao nekoga ko bi hteo da bude razapet radi Isusa, ona bi prva rekla: „Da" i istupila; Marija Magdalena je volela Isusa više i od svog sopstvenog života i služila Mu je sa potpunim požtrvovanjem.

Čast u služenju Bogu Ocu

Bog je bio zadovoljan Marijom Magdalenom, koja je bila tako dobra u srcu bez imalo zla, i imala je potpunu duhovnu ljubav. Marija Magdalena je volela Isusa sa nepromenljivom i iskrenom ljubavlju od kako Ga je srela. Bog Otac, koji je primio njeno dobro i divno srce, želeo je da je smesti blizu Njega i miriše dobar i blag miris njenog srca. Zbog toga je, kada je vreme došlo, On dozvolio Mariji Magdaleni da dostigne slavu u službi Njemu, čak i da dodirne Njegov presto.

Ono što Bog Otac najviše želi je da dobije iskrenu decu sa kojima On može podeliti Svoju ljubav zauvek. Zbog toga je On planirao ljudsku kultivaciju, stvorio je Sebe u Trojstvo, i čekao je izdržavao veoma dugo, dugo vremena sa ljudskim bićima na ovoj zemlji.

Sada, kada su staništa na nebu pripremljena, Gospod će se pojaviti u vazduhu, i održaće svadbeni banket sa Svojim nevestama. Onda, On će im dopustiti da sa Njim vladaju hiljadu godina i odvešće ih na nebeska boravišna mesta. Mi ćemo živeti sa Trojedinim Bogom u najvećoj sreći i radosti zauvek na nebu koje je jasno, čisto i divno kao kristal, ispunjeni Božjom slavom. Koliko će srećni biti oni koji uđu u Novi Jerusalim pošto mogu sresti Boga licem u lice i ostati sa Njim zauvek!

Pre dve hiljade godina, Isus je pitao ovo: *„Ali Sin čovečiji kad dođe hoće li naći veru na zemlji?"* (Jevanđelje po Luki 18:8) Veoma je teško naći pravu veru danas.

Apostol Pavle koji je vodio misiju u propovedanju Jevanđelja nejevrejima, malo pre svoje smrti je napisao pismo Timotiju, svom duhovnom sinu, koji je sam patio od jeretičkih podela i proganjanja hrišćana.

Zaklinjem te, dakle, pred Bogom i Gospodom našim Isusom Hristom, koji će suditi živima i mrtvima, dolaskom Njegovim i carstvom Njegovim: propovedaj reč, nastoj u dobro vreme i u nevreme, pokaraj, zapreti, umoli sa svakim snošenjem i učenjem. Jer će doći vreme kad zdrave nauke neće slušati, nego će po svojim željama nakupiti sebi učitelje, kao što ih uši svrbe, i odvratiće uši od istine, i okrenuće se ka gatalicama. A ti budi trezan u svačemu, trpi zlo, učini delo jevanđeliste, službu svoju svrši. Jer ja se već žrtvujem, i vreme mog odlaska nasta. Dobar rat ratovah, trku svrših, veru održah; dalje, dakle, meni je pripravljen venac pravde, koji će mi dati Gospod u dan onaj, pravedni sudija; ali ne samo meni, nego svima koji se raduju Njegovom dolasku (2 Timotejeva Poslanica 4:1-8).

Ako se nadate za nebo i žudite za Gospodovim pojavljivanjem, vi treba da pokušate da živite po Božjoj Reči i vodite dobru borbu. Apostol Pavle se uvek radovao iako je patio mnogo dok je širio dobre vesti.

Zato moramo da pročistimo naša srca i izvršimo naše dužnosti više nego što se očekuje od nas da udovoljimo Bogu kako bi mogli da delimo iskrenu ljubav zauvek ostajući blizu Božjeg prestola.

„Moj Gospode,
koji dolaziš
na oblacima slave,
ja žudim za danom
kada ćeš zagrliti mene!
Sa Tvojim veličanstvenim prestolom
mi ćemo zauvek deliti ljubav
koju nismo mogli da delimo na zemlji
i sećali se zajedno prošlosti.
Oh! ja ću otići u nebesko kraljevstvo
sa igrom

kada me Gospod pozove!
Oh, nebesko kraljevstvo!"

Autor:
Dr. Džerok Li

Dr. Džerok Li je rođen u Muanu, Džeonam provinciji, Republika Koreja, 1943. god. U svojim dvadesetim, Dr. Li je sedam godina patio od mnoštva neizlečivih bolesti i iščekivao smrt bez nade za oporavak. Jednog dana u proleće 1974. god, njegova sestra ga je odvela u crkvu i kad je kleknuo da se pomoli, Živi Bog ga je momentalno izlečio od svih bolesti.

Od trenutka kad je Dr. Li sreo Živog Boga kroz to divno iskustvo, on je zavoleo Boga svim svojim srcem i iskrenošću, a u 1978. god., je pozvan da bude sluga Božji. Molio se revnosno da može jasno da razume volju Božju, u potpunosti je ispuni i posluša sve Reči Božje. Godine1982. je osnovao Manmin centralnu crkvu u Seulu, Koreja, i bezbrojna dela Božja, uključujući čudesna isceljenja i čuda, se dešavaju u njegovoj crkvi.

U 1986. god. Dr. Li je zaređen za pastora na godišnjem Zasedanju Isusove Sungkjul crkve Koreje, i četiri godine kasnije u 1990.god. njegove propovedi su počele da se emituju u Australiji, Rusiji, na Filipinima i mnogim drugim zemljama, preko Radiodifuzne kompanije Daleki Istok, Azija radiodifuzne kompanije i Vašingtonskog hrišćanskog radio sistema.

Tri godine kasnije, 1993.god., Manmin centralna crkva je izabrana za jednu od „Svetskih top 50 crkava" od strane magazina *Hrišćanski svet (Christian World)* (SAD), a on je primio počasni doktorat bogoslovlja od Koledža hrišćanske vere, Florida, SAD, i 1996.god. Doktorat iz Službe od Kingsvej teološke bogoslovije, Ajova, SAD.

Od 1993. god., dr. Li prednjači u svetskoj evangelizaciji kroz mnogo inostranih pohoda u Tanzaniji, Argentini, Los Anđelesu, Baltimoru, Havajima i Nju Jorku u Sjedinjenim Američkim Državama, Ugandi, Japanu, Pakistanu, Keniji, Filipinima, Hondurasu, Indiji, Rusiji, Nemačkoj, Peruu, Demokratskoj Republici Kongo, Izraelu i Estoniji.

U 2002-oj godini nazvan je „svetskim obnoviteljem" od strane glavnih hrišćanskih novina u Koreji zbog njegovih moćnih bogosluženja u različitim inostranim evangelističkim pohodima. Posebno tokom njegovog „Pohoda u Nju Jork 2006-te godine" koji se održao u Medison

Skver Gardenu (Madison Square Garden) najpoznatijoj svetskoj areni i emitovan je za 220 nacija a na njegovom „Ujedinjenom Izraelskom pohodu" održanom u Kongresnom centru u Jerusalimu on je hrabro rekao da je Isus Mesija i Spasioc. Njegove propovedi emitovane su za 176 nacija putem satelita uključujući GCN TV i bio je svrstan kao jedan od top 10 najuticajnijih hrišćanskih vođa 2009-e i 2010-e godine od strane popularnog Ruskog hrišćanskog časopisa *U pobedu (In Victory)* i nove agencije *Hrišćanski telegraf (Christian Telegraph)* za njegovu moćnu svešteničku službu TV emitovanja i njegove inostrane crkveno pastorske službe.

Od april 2017. god., Manmin Centralna Crkva ima zajednicu od preko 120.000 članova. Postoji 11 000 ogranaka crkve širom planete uključujući 56 domaćih ogranaka crkve i do sad više od 102 misionara su opunomoćena u 23 zemlje, uključujući Sjedinjene Države, Rusiju, Nemačku, Kanadu, Japan, Kinu, Francusku, Indiju, Keniju i mnoge druge.

Do datuma ovog izdanja Dr. Li je napisao 108 knjige, uključujući bestselere: *Probanje Večnog Života Pre Smrti, Moj Život, Moja Vera I i II, Poruka Sa Krsta, Mera Vere, Raj I& II, Pakao* i *Moć Božja*. Njegove knjige su prevedene na više od 76 jezika.

Njegove Hriščanski rubrike se pojavljuju u *Hankok Ilbo, JongAng dnevniku, Dong-A Ilbo, Chosun Ilbo, Seul Šinmunu, Kjunghjang Šinmun, Hankjoreh Šinmun, Korejski ekonomski dnevnik, Koreja glasnik, Šisa vesti,* i *Hrišćanskoj štampi.*

Dr. Li je trenutno na čelu mnogih misionarskih organizacija i udruženja uključujući: predsedavajući, Ujedinjene svete crkve Isusa Hrista; stalni predsednik, Udruženje svetske hrišćanske preporodne službe; osnivač i predsednik odbora, Globalna hrišćanska mreža (GCN); osnivač i član odbora, Mreža svetskih hrišćanskih lekara (WCDN); i osnivač i član odbora, Manmin internacionalna bogoslovija (MIS).

Druge značajne knjige istog autora

Raj I

Detaljna skica predivne životne okoline u kojoj rajski stanovnici uživaju i prelepi opisi različitih nivoa nebeskih kraljevstva.

Poruka sa Krsta

Moćna probuđujuća poruka za sve ljude koji su duhovno uspavani! U ovoj knjizi naći ćete razlog da je Isus jedini Spasitelj i iskrenu ljubav Božju.

Pakao

Iskrena poruka celom čovečanstvu od Boga, koji ne želi da ijedna duša padne u dubine Pakla! Otkrićete nikad do sad otkriveni iskaz o okrutnoj stvarnosti Nižeg Hada i Pakla.

Duh, Duša i Telo I & II

Vodič koji nam daje duhovno objašnjenje duha, duše i tela i pomaže nam da pronađemo kakvog „sebe" smo mi načinili da bi mogli da dobijemo moć da pobedimo mrak i postanemo duhovna osoba.

Mera Vere

Kakvo mesto stanovanja, kruna i nagrade su spremne za vas na nebu? Ova knjiga obezbeđuje mudrost i smernice za vas da izmerite vašu veru i gajite najbolju i najzreliju veru.

Probuđeni Izrael

Zašto Bog upire Svoje oči na Izrael od početka sveta pa do današnjeg dana? Kakvo Njegovo proviđenje je spremljeno za Izrael u poslednjim danima, koji očekuje Mesiju?

Moj Život, Moja Vera I & II

Najmirisnija duhovna aroma izvučena iz života koji je cvetao sa neuporedivom ljubavlju za Boga, u sred crnih talasa, hladnih okova i najdubljeg očaja.

Moć Božja

Obavezno-pročitati, koja služi kao suštinski vodič po kojem čovek može posedovati pravu veru i iskusiti čudesnu moć Božju.

---

www.urimbooks.com

www.ingramcontent.com/pod-product-compliance
Lightning Source LLC
LaVergne TN
LVHW041802060526
838201LV00046B/1096